JN294841

ブックガイドシリーズ　基本の30冊
倫 理 学

小 泉 義 之

人文書院

目　次

まえがき

第1部　生と死
セネカ『倫理書簡集』……………………………………………8
ギュイヨー『義務も制裁もなき道徳』…………………………15
パーフィット『理由と人格』……………………………………21

第2部　徳と力
キケロー『善と悪の究極について』……………………………28
モンテーニュ『随想録（エセー）』……………………………34
ルソー『人間不平等起原論』……………………………………40
フーコー『思考集成Ⅹ　1984-88　倫理／道徳／啓蒙』………46

第3部　快楽と欲望
ベンサム『自己にそむく違反，男色』…………………………54
ラカン『精神分析の倫理』………………………………………61
ドゥルーズ，ガタリ『アンチ・オイディプス』………………67
イリガライ『ひとつではない女の性』…………………………73
バトラー『欲望の主体』…………………………………………79

第4部　資本主義の精神，市民の道徳
マルクス『経済学・哲学草稿』…………………………………86
ラスキン『この最後の者にも』…………………………………92
ミル『功利主義論』………………………………………………98

ニーチェ『道徳の系譜』……………………………………………… 105
　　ヴェーバー『プロテスタンティズムの倫理と資本主義の精神』…… 111
　　シェーラー『価値の転倒』…………………………………………… 117

第5部　幸福と福祉
　　カント『実践理性批判』……………………………………………… 124
　　ベヴァリッジ『社会保障および関連サービス（ベヴァリッジ報告）』
　　　………………………………………………………………………… 131
　　田中美知太郎『善と必然との間に』………………………………… 137

第6部　近代倫理の臨界
　　和辻哲郎『倫理学』…………………………………………………… 144
　　坂部恵『仮面の解釈学』……………………………………………… 150
　　ウォルツァー『正義の領分』………………………………………… 156
　　ゴティエ『合意による道徳』………………………………………… 162
　　キムリッカ『多文化時代の市民権』………………………………… 168

第7部　倫理の超越
　　ルター『奴隷的意志』………………………………………………… 176
　　ライプニッツ『弁神論』……………………………………………… 182
　　キルケゴール『おそれとおののき』………………………………… 188
　　ジジェク『厄介なる主体』…………………………………………… 194

まえがき

　ブックガイドを編むとき，難しくも楽しいのは，誰のどの書物を選ぶかということである。何かを捨てて何かを選ぶたびに，弁解を考えざるをえなくなる。それもまた，難しくも楽しいことである。

　倫理学を時代順にたどるなら，まず思い浮かぶのは，プラトンとアリストテレスであろう。当初は私も，プラトンなら『ゴルギアス』か『国家』，すこし捻って『テアイテトス』か『ピレボス』，アリストテレスなら穏当に『ニコマコス倫理学』とは考えていた。と同時に，古代ギリシアで始めるなら，プラトンやアリストテレスと対等の形で，ストア派やエピクーロス派を取り上げたいとも考えていた。そこで，ストア派，とくにクリュシッポスのテクストをそれなりに読んでみたが，教科書的なまとめ以上のものを書けそうにないと思った。私の力不足のことを棚上げして言えば，ストア派やエピクーロス派に関するテクストは断片が寄せ集められて編集されているために，思われているほど見通しがつかないのである。よほど研鑽を積まなければ，見通しどころではない。

　そこで，ある種の居直りを決意した。いっそ古代ギリシアから始めるという慣行をやめてみることにした。実は以前から，倫理学史を手がけることがあるなら，古代ギリシア以外から始めるべきであるとの思いがあって（例えば，『イザヤ書』から），さほどプラトンやアリストテレスで始めることに拘泥する気持ちはなかった。そして，時代としては古代ローマから，名前としてはキケローとセネカから

始めることにした。このように始めてしまうと，それはそれでそれなりに弁解できるようにも思えてきた。この点については，キケロー，モンテーニュ，フーコーの項を参照して下されば，と思う。

もう一つ難しかったのは，20世紀の英語圏の倫理学書の取捨選択についてである。普通なら，ムーア，ブラント，ヘアー，デイヴィドソン，ウィリアムズ，ネーゲル，ハーマン，パトナム，マクダウェル，ファインバーグあたりから選ぶことになるだろうし，すこし範囲を広げるなら，多くの人名が思い浮かんでくるだろう。何しろ，英語圏の倫理学と関連学問のブームはいまだに続いているからである。翻訳書も多いし，研究書も増えている。しかし，以前からそうなのだが，私は，お勉強になるものはあるにしても，面白いと思ったことがなかった。ほとんど触発されたことがなかった。この偏見についても，いつかきちんと弁解できれば，と思っているが，本書の限りでは，本書で取り上げている英語圏の書物の項を参照して下されば，と思う。

そんなこんなで選んで編まれた30編である。それが不得意なこともあって，教科書的・入門書的・辞書的な叙述はまったく行なわなかった。テクストに触発されるままに，いわば学生レポートのように書いてみた。正直に言って，30編のレポートには出来不出来があるが，ともかく読者の方々が，拙いレポートを通してであれ多少なりともテクストの凄みを感じとって，テクストそのものを自ら手にするように促されることを願っている。

第1部

生と死

　倫理は，何を為す（べき）かということだけではなく，いかに生きる（べき）かということにもかかわっている。倫理は，行為だけではなく人生にもかかわっている。

　ところが，最近の倫理学は，行為に焦点をあてて，人生を行為の寄せ集めのように見なしている。生まれる，病む，老いる，死ぬといった人生上の出来事までも，個別的な行為と同じ仕方で扱っている。そのためもあって，最近の倫理学は，ひどく貧しくなっている。

　その例が，死の取り扱いである。最近の倫理学は，死ぬという出来事をそれとして扱いかねている。そこを誤魔化すためもあって，死なせるという行為を，例えば中絶や戦争や死刑や自殺や安楽死を論ずることに淫している。その際に，自殺や安楽死を肯定する代表格として引き合いに出されるのがストア派であり，わけてもセネカである。そこで，第1部はセネカで始めてみることにした。

　現代において，生，生命，生活，人生について考えようとするなら，生命科学の進展，生政治や生権力の帰趨，政治的経済的社会的生活の変容を考慮に入れざるをえない。そこを踏まえて，生老病死について倫理的に考えざるをえない。第1部では，生の力から倫理を引き出そうとする20世紀思想の源流であるにもかかわらずほとんど忘れられているギュイヨーと，有名なわりにその人生論的含意がきちんと受け止められていないパーフィットを取り上げることにした。

セネカ

『倫理書簡集』
Ad Lucilium Epistulae Morales, 62/65

高橋宏幸訳『セネカ哲学全集5　倫理書簡集Ⅰ』，岩波書店，2005年
大芝芳弘訳『セネカ哲学全集6　倫理書簡集Ⅱ』，岩波書店，2006年

——自殺——

死を恐れず，生を恐れず

　ストア派は，状況が状況なら，自殺が理にかなうとして自殺を推奨したと伝えられている。その状況とは，第一に自然に即して生きることが不可能なとき，第二に祖国や友人への義務を奉じて死なねばならないとき，第三に死以外に恥辱を免れる道がないとき，とまとめられてきた。三つの状況は，ずいぶんと違っている。では，ストア派には，三つの状況でひとしく自殺を推奨するにあたっての原理のようなものがあるのだろうか。

　セネカは，エピクーロス派の考えも取り入れながら，基本的にはストア派のように考えている。数え方にもよるが，本書を構成する全書簡のうち，第一の状況については，自殺肯定的なものが自殺否定的なものより多い。多数決をとれば，安楽死賛成派ということになる。しかし，セネカは，多少は安楽死反対派でもある。では，セネカには，多数派と少数派をひとしく貫く原理のようなものがあるのだろうか。

　ストア派にもセネカにも，しっかりとした原理がある。しばしば

忘れ去られてしまうし，言葉だけ伝えられていても意味が考え抜かれていない原理である。すなわち，死も生も恐れるな，死のときも生のときも平静であれ，という原理である。

「日々よく心の準備をして，人生を去るときに平静でいられるようにしたまえ。多くの人々は人生にすがりついて離さず，ちょうど濁流にさらわれる人が棘ある草も角の立った岩もつかむようだ。ほとんどの人は死への恐れと生の苦しみのあいだで不幸な漂泊をし，生きることも欲しないが，死に方も知らない。だから，君の人生を喜ばしいものにするには，人生の不安をすべて捨て去ることだ。」

この原理をしっかりと体得した人なら，どんな状況でも平静であるし，徳を堅持し幸福である。どんな状況でも，とは，次のようなことだ。

「死に方を学んだ人は奴隷根性を捨てた人だ。その人はどのような権力をも超越している。少なくとも，どのような権力も及ばぬ外にある。その人に対しては，牢獄や監視や閂(かんぬき)にどんな意味があろうか。」

「スティルポーンは，祖国を占領され，子供たちを失い，妻を失い，一面の焼土から一人になって生き延びたとき，それでも幸福だった。……なにか失ったものがあるか，と尋ねられて彼は言った，「私の善きものは，すべて私とともにある」と。見よ，勇敢にして剛毅な人物ではないか。敵の勝利そのものに打ち勝っているのだから。」

だから，第二の状況で祖国や友人への義務のために死ぬこともできるし，第三の状況で恥辱を免れるために死ぬこともできる。間違えてはならないが，生き方を学んでもいるからには，死なないこともできる。生きるか死ぬかより，もっと大事なことがあるというこ

とだ。その大事を原理として，死に場所だけでなく生き場所も決めるということだ。

生を愛しすぎず，生を憎みすぎず

　ところが，ある意味で，より難しいのは，自然に即して生きるのが不可能な状況，死苦に苛まれてしまう状況である。セネカ自身は，医者に「死の予行練習」と称される喘息で苦しんでいたが，「呼吸困難のときにも，絶えず楽しく勇敢な思索のおかげで平静であり続けた」と，少し自慢げに書いたりしている。また，さまざまな痛みを経験しており，基本的には，「苦痛そのものによって苦痛の感覚を奪われる」からということで，つまり，苦痛の果てには麻痺にいたるからということで苦痛は耐えられうるものだと書いたりもしている。これは現在でも重要な洞察だ。とはいえ，セネカは，それだけでは片付かない状況があるとも考えている。まず，セネカが自殺を肯定する状況について見ておこう。

　「そこで，あの問題について意見を述べることにしよう。つまり，老年の行き着く果てを嫌い，終幕は待つのではなく，自分の手で下ろすべきかどうか，という問題だ。……肉体が役に立つ働きをできないなら，魂を労苦から引き上げぬ理由があろうか。おそらく，それはなすべきときの少し前になすべきだ。そうして，なすべきときになってできないということがないようにしよう。……老年になって精神が打撃を受け，その各部が引き剝がされ，私に残るものが人生ではなく，息をしていることだけになったなら，私は跳び出すだろう。建物が朽ち果てて崩れ落ちているのだから。私は病気を死によって逃れることはしない。それが治癒可能で魂の邪魔にならないかぎりは。苦痛のために自分の身に暴力を加えることはしない。そ

のような死に方は敗北だから。それでも、この苦痛がいつまでも耐え忍ばねばならぬものだと分かったならば、私は去るだろう。それは苦痛そのもののためではなく、苦痛に妨げられるせいで、私が生きている理由をなすすべてのものに手が届かなくなるからだ。苦痛ゆえに死ぬ人間は弱く、臆病者だが、苦痛を受けるために生きる人間は愚か者だ。」

　自殺肯定の理由を抜き出すと、第一に肉体が有用な動きをできなくなるとき、第二に精神が駄目になり呼吸をするだけになるとき、第三に苦痛がいつまでも続くとき、ということになる。では、どうしてそれらが死を選ぶ理由になるのか。セネカは「生きている理由をなすすべてのものに手が届かなくなるからだ」と書いている。とするなら、肉体が動かなくとも、肉体が無用な動きしかしなくとも、呼吸をしているだけであっても、苦痛が消えそうになくとも、生きている理由に「手」が届くなら、死を恐れず生を恐れず生を選ぶべきであるということになる。問題は、生き方を学ぶことに差し向けられるのだ。単なる自殺肯定ではないのだ。セネカは、何年かぶりに再会した「学友クラーラーヌス」について、こんなことも書いている。「魂を裸のまま生み出す力が自然にあったなら、そのように生んでいただろう。ところがいま、自然はもっと大きなことをしている。というのも、肉体に障害をもちながら、しかし、その障害を突き破る人々を生み出しているのだから。クラーラーヌスはその見本として生み出されたと私は思う。彼を見て、私たちは知ることができる、身体の醜さが魂を汚すことはなく、魂の美しさが身体を飾ることを」。次に、セネカが自殺を否定する状況について見ておこう。

　「エピクーロスの叱責は、死を恐れる人々に劣らず、死を希求す

る人々にも向けられている。曰く，「人生に倦み疲れて死へ走るのは愚かしい。自分の生き方が死へ走らねばならぬように仕向けたのだから」と。同様に別の個所では，「死を求めることほど愚かしいことがあろうか。人生が不安になったのは死を恐れたためだったのだから」と言っている。そして，これらの言葉に次の同じ主旨の言葉を加えてもよいだろう。「人間の無思慮，というより狂気ははなはだしいので，死を恐れるあまり死へ追いやられる人々がある」。これらの言葉のどれでも嚙みしめてみれば，君は心を強くして死にも生にも耐えられるだろう。実際，その両方へ向かわせるような忠告と激励が私たちには必要であり，私たちは人生を愛しすぎても憎みすぎてもいけない。たとえ理性が自己をまっとうするように勧める場合でも，やみくもに，あるいはまっしぐらに衝動に身を任せるべきではない。」

賢者の友へ

　死を恐れるあまり自らを死に追いやることも，死を恐れての行為である限りは，無思慮で狂気である。この場合，自己に始末を付けることもありうるとの理性の勧告・忠告・激励に期待されているのは，死の恐れや生の倦怠や生の不安に駆り立てられる無思慮・狂気・衝動を鎮めるという効果なのである。とすると，ここでも，自殺すべきか否かの単純な二択が立てられているのではない。問題は，そんなことではない。「賢者の判断では，決着を自分でつけるのか，つけてもらうのか，遅くなるか早くなるかに違いはなく，それが大きな損失であるかのように恐れることはない。……死が早くなるか遅くなるかは問題ではなく，問題は立派な死か，悪しき死かだ」。大事なのは，自己決定するか否かということではなく，立派に自己

決定するか否かということだ。大事なのは、選択肢を開くことよりは、選択肢を開くことによって、死を恐れなくなるようにするとともに、生を恐れなくなるようにすることである。

セネカも認めているが、「この問題であまねく通用する言明はできないだろう」。注意すべきは、そのときセネカが想定している状況は、死が「外的な仕方で」宣言される状況であるということである。誰もがわかっていることだが、そんなときは、「死の機先を制するべきか、それとも死を待つべきかとは言えない」に決まっている。これに対して、死が「内的な仕方で」自らに宣言される状況では、肯定否定より、肯定否定を決める原理を体得することが大事なのである。これがセネカの求めるところである。誰もがわかっていることではない。さらに、セネカは、この大事な原理をもって、あなたは死ぬと外的に宣言される状況に臨もうというのである。これも、誰もがわかっていることではない。

本書は、セネカが若き友人に宛てた書簡集として構成されているが、ある書簡はこう締め括られている。自殺肯定的として先に引用した書簡の最後である。

「しかし、話がずいぶん長々しくなってしまっている。それに、まだ記す材料は一日にわたるほどもある。人生にきりをつけると言って、手紙にきりをつけられない人間にそれができようか。だから、お元気で。この言葉のほうが君はずっと嬉しいだろうね、死で埋め尽くされた手紙を読むよりは。お元気で。」

ルキウス・アンナエウス・セネカ（Lucius Annaeus Seneca, B.C. 1?–A.C. 65）

後期ストア派を代表する哲学者・倫理学者である。エピクーロス派なども取り入れ，若き友人ルキリウス宛て書簡の形をとって多くの著作を書いた。セネカはキリスト教に受け入れられて中世を通じて読まれ，近世ではその悲劇作品も英仏で大きな影響を与えた。モンテーニュはセネカを模範とし，デカルトも『倫理書簡集』を重視するなど，セネカを介して近世から近代へかけてストア派の学説が広まった。

参考・関連文献

『セネカ哲学全集』全6巻（大西英文，兼利琢也編，岩波書店，2005-2006年）

茂手木元蔵『セネカ入門』（東海大学出版会，1994年）

ミシェル・フーコー『主体の解釈学　コレージュ・ド・フランス講義1981-1982年度』（廣瀬浩司，原和之訳，筑摩書房，2004年）

天田城介『〈老い衰えゆくこと〉の社会学［増補改訂版］』（多賀出版，2010年）

ジャン゠マリー・ギュイヨー

『義務も制裁もなき道徳』
Esquisse d'une morale sans obligation ni sanction, 1885

長谷川進訳，岩波文庫，1954年

───生の道徳───

義務の消滅，道徳の相対化

　ギュイヨーによるなら，「道徳に関する最近の著作」から二つのことが明らかになる。一つは，絶対的義務が消滅したということ，もう一つは，道徳的制裁は不道徳であるということである。

　最近の「自然主義的及び実証主義的道徳説」は，自然の事実や社会の事実を取り集めているだけである。義務や制裁についても，特定の時代の特定の社会ではかくかくしかじかの義務や制裁が成り立っているとの事実を取り集めているだけである。この道徳説は，そうした事実について，意義や効用や機能を言い立ててはいる。例えば，道徳の機能は，外敵に対して当の社会成員を防衛することにあるとか，当の社会の統合をもたらすことにあるとか，当の社会内部の危険な階級を抑止するためにあるとか言い立てている。しかし，そのとき，義務や制裁は，普遍的で不変的なことであるとは捉えられてはいない。こうして，道徳的なものはすべて相対的で可変的なものになる。なお，これは，〈神の死〉や〈大文字の他者の不在〉が指摘される今日における，いわゆるポストモダニズム的状況でも同じである。倫理や道徳についても，社会学や進化心理学がその相

対化を推し進めている。

　これに対して、「理想主義的道徳説」は、たしかに義務を高く掲げている。人間としての義務、市民としての義務、親としての義務を高く掲げ、義務の違背に対する制裁についても必須の義務として高く掲げている。しかし、それらの義務は、およそ絶対的なものとは見なされていない。何があっても何がなんでも無条件に生命を賭してまで、国家・市民社会・家族を犠牲にしてまで守られるべき義務とは見なされていない。ここでも、道徳的なものはすべて相対的で条件的なものになる。なお、これは、今日の人道的支援や人道的介入においても確かめられることである。遠くの他者を救済する義務は、理想としては完全義務であるのだが、しかし条件付きの相対的な不完全義務として位置付けられている。

　生きる義務も隣人を愛する義務も消滅した。生きろという命令も隣人を愛せという命令も消滅した。納税の義務も兵役の義務も勤労の義務も扶養の義務も消滅した。支払え、戦え、働け、産め、育てろといった命令はすべて虚しくなった。ところが、ギュイヨーは、この状況を道徳的なチャンスと見なす。

　「我々はこの命令の消滅を自分のために受け入れ、そのために或る限度まで生ずる道徳の変易性を歎くどころか、むしろそれを以て将来道徳の特質と見做すものである。将来の道徳の特質は種々の点で自律的（オートノモス）であるに止らず、無律的（アノモス）でさえあろう。」

泣きもせず笑いもせず、無関心にもならず

　その自律的な無律的道徳を見る前に、楽観主義、悲観主義、無関心説といった「三つの臆説」を批判的に検討しておこう。

① 楽観主義者は，この世もこの社会も最善だと言う。悪に見えるものにも，善い意味や役割があると言う。「宇宙の広大な組織にあってはチフスやコレラの細菌も果たすべき職能や役割をもっている」。ところで，「病めるスピノザは愛玩する蜘蛛が彼の投げ与えた蠅を喰うのを見て微笑んだ」と伝えられている。これは，何ごとであろうか。スピノザはその楽観主義に従って，「己の意志を不随にする眼に見えぬ蜘蛛の巣にとり囲まれ，無数の微細な病菌によって静かに蝕まれていることを感じて微笑んだのであろう」。不随も病菌も悪ではなく宇宙的には善であるというのであろう。しかし，その類の楽観主義は，「自分を幸福と心得る奴隷，自己の病気を感じない病人」の態度でしかない。スピノザの楽観主義は，衰弱した生の態度でしかないのだ。とはいえ，楽観主義にも一片の真理はある。この「文明時代」は「野蛮時代」に比べるなら，余りにも幸福である。「今日我々は根本において道徳的であるには余りに幸福過ぎるのだ」。文明人は，己の欲求を満たすために，ことさらに悪を行なう必要はない。徳を発揮しておけば足りてしまう。徳と富は一致するし，正直が最大の利益につながる。奴隷や病人も，己の不幸を減らすために，わざわざ悪を行なう必要はない。誰かが憐れんで助けてくれる。楽観主義は，時代精神の真理である。

② 悲観主義者は，「人間の全生涯を通じて苦痛の総和は快楽の総和より大である」と言い張る。そもそも，この世に生まれることが災厄である。人生には，病や死が溢れている。不幸の量は幸福の量を遙かに越えている。だからということで，悲観主義者は，この世を離れた苦のない世界を夢みる。ことに死後の世界を夢みる。そうして，「涅槃の道徳」を結論する。悟りの境地が救済となるというわけである。しかし，幸福にしても不幸にしても，事後的な「心理

的構成物」にすぎないのだ。「我々は殆ど一度として完全に幸福であるなどと意識したことはない。ただ我々は前に幸福であったと回想するだけだ。だから絶対の幸福など意識のうちに存在しない以上何処に存在しよう。何処にも存在しないのだ。絶対の幸福とは我々が現実の衣に着せた夢であり，記憶の美化でしかない。同様に絶対の不幸も記憶の暗黒化に外ならない」。だから，そもそも，生誕を災厄と思うことは，事後的な生の暗黒化でしかない。人生において幸福と不幸を量的に比較すること自体が無意味である。しかも，苦痛や苦悩は，「人間にとって最も恐ろしい悪」ではない。むしろ，「不活動」こそが，苦痛や苦悩以上の悪である。結局のところ，悲観主義とは，自己の記憶を暗黒化しながらも何も活動しないままに，「生存に堪えぬことの漠たる意識」であるにすぎない。

　③「自然の無関心性」を強調する者は，道徳的な善悪も幸不幸も悲喜劇も，人間の主観的事柄にすぎないと言い立てる。それは，宇宙全体・自然全体からするなら塵芥のようなものである。「今や海上を走る船は数知れぬほど多いにも拘らず，大洋は往時よりもひどく波立っているだろうか」というわけである。しかし，こう考えてしまうと，人間の生存と宇宙や自然との関係を断ち切ってしまう。生存を著しく貧しいものに見立ててしまうのだ。

　以上のような道徳説も臆説も，およそ満足のできるものではない。だから，泣きも笑いもせず，無関心にもならずに，義務の消滅をチャンスとして，いまや義務の「等価物」を考えてみなければならない。その原理は，こうだ。「道徳の最高の法則は生そのものの最も根源的な法則と同一である」。義務によって生を束縛するというのではなく，生そのもの有り様を道徳として捉え返すのである。義務は生の外にあるのではない。義務は生に内在し生から派生する。そ

のように，義務をはじめとする道徳的概念を捉え返して定義し直すのである。

「できる」が「べき」を含意する

　生命とは，力であり活動である。思惟も愛も，生命の力の発露たる活動である。この活動が，快楽であり徳である。これに対して，悪徳とは，怠惰であり無為である。だから，例えば，青年に利他的義務を説教しても無駄なのである。このことは，青年において利他的義務の説得性が消滅していることだけを意味するのではない。「青年は自分だけのために生きるには余りに生命が強過ぎる」のだから，むしろ青年の生の力を解き放つことの方が大事なのだ。このことを踏まえて，義務について考え直すべきである。カントは義務の命法は可能を含意する，「べき」は「できる」を含意するとするが，事態は全く逆なのだ。

　「より大なることをなし得ると内心感ずることは，それ自体でそのことをなさねばならぬと最初に意識することである。事実の観点から眺め，かつ形而上学的観念を別にすれば，義務とは自己を働きかけ，自己を与えることを求める生命の過剰である。人々はこれまで余りに義務を必然または拘束の感情として説明した。義務は何よりも力の感情なのだ。……活動し得るということは活動しなければならぬということだ。……文明人は数知れぬ義務を負っている。それは彼等が無数の仕方で消費すべき極めて豊かな活動力を有するということに外ならない。」

　この観点から，道徳的概念の新たな「等価物」を考え出していく必要がある。それこそが，絶対的義務も絶対的命令も消滅した文明社会における務めである。例えば，闘争，冒険，献身は，生命の力

の発露たる徳である。あるいはむしろ、生命の力の発露たる限りで、快楽と喜びを伴う活動である限りで、それらは徳である。そんな徳＝力こそが、内的に義務を確立していくのである。それが、無律的な自律的道徳である。

　そして、道徳的制裁がいかに不道徳的なのかも明らかである。道徳的な「懲罰と報復」は、配分的正義でもって正当化されている。誰をどれだけ褒めるか、誰をどれだけ苦しめるかを決めることが道徳的と称されている。しかし、制裁は「社会防衛の現象」にすぎない。道徳的であるにしても、高々応報的正義の行使にすぎない。にもかかわらず、制裁は、自由や責任といった道徳的用語でもって正当化されている。それこそ「不道徳」なのである。そして、自己に内的制裁を加える「良心の呵責」は不道徳の極みであり、それは社会的な「病理現象」にすぎない。こうして、義務も制裁もない道徳、生の道徳が始められることになる。

ジャン＝マリー・ギュイヨー（Jean-Marie Guyau, 1854-1888）

　フランスの詩人・哲学者。本書の道徳論は、ニーチェに先駆けるものであるとも言える。また、ギュイヨーは、芸術社会学者の先駆けとも見なされている。

参考・関連文献

J・M・ギュイヨー『社会學上より見たる藝術』（小方庸正、大西克禮訳、岩波文庫、1930-1931 年）

長谷川進「訳者あとがき」（ギュイヨー『義務も制裁もなき道徳』、岩波文庫、1954 年）

デレク・パーフィット

『理由と人格　非人格性の倫理へ』
Reasons and Persons, 1984

森村進訳，勁草書房，1998年

——人生——

変な倫理

　パーフィットの倫理は相当に変である。「常識道徳」は誤った信念に依拠していると批判して，それに代わる「真理」に基づく倫理を提起するのだから，反常識的で非常識的になって変になるのも当然である。しかし，どのように変であるのかを精確に言うのは相当に難しい。

　本書は大著である。原書の重量は軽いが訳本は相当に重い。「序」に続いて，「Ⅰ　自己破壊的諸理論」，「Ⅱ　合理性と時間」，「Ⅲ　人格の同一性」，「Ⅳ　未来の世代」の四部からなる。議論は精緻であり，ときにSF的，ときにアクロバティックである。馴染めば，相当に楽しく読める。

　パーフィットの問いは割と単純である。「われわれは個別的な人間である。私は私の生を生き，あなたはあなたの生を生きる。これらの事実は何を含んでいるのか？　私を生涯を通じて同一人物たらしめ，そしてあなたと違う人物たらしめるのは何か？　そしてこれらの事実はどこが重要なのか？　個々の生の統一性，そして別々の生の間の相違，別々の人格の間の相違はどこが重要なのか？」

パーフィットの主張も割と単純である。「私の二つの主題である，理由と人格は密接に関係している。私の信ずるところでは，われわれの大部分は，自分自身の性質，時間を通じてのわれわれの同一性について誤った信念を持っており，われわれはもし真理を知れば，自分がなすべき理由を持つことに関するわれわれの信念のいくつかを変えるべきなのである。われわれは道徳理論と合理性に関する信念を改訂すべきである」。

人格同一性批判の意味

　さて，人格の同一性（パーソンのアイデンティティ）は，とりわけ英語圏でさかんに論じられてきた主題であるが，それらは著しく非社会的で非政治的であることに注意しておきたい。それらは，人格同一性を生産する装置のことを全く捨象しているのである。

　例えば，あなたは現在の自己（自分・自我・人格・人物・人柄，等々）と過去の自己が連続していて同一であると思っている（信じている，考えている，意識している，等々）。あなたがそう思えることは，あなたにそう思わせる装置が働いていることと切り離せない。その一つは名前である。あなたは昔も今も同じ名前で呼ばれているし自らを呼んでいるということが確実に効いている。他にも写真がある。あなたは過去の写真を見て，ずいぶんと変わったが同じ自分が写っていると認める。この認知は，画像の知覚だけに依拠しているのではない。その写真が，あなたの家のあなたの部屋のあなたのアルバムにあるがゆえに，また，自分や家族の写真を手元に恒産として残しておくという慣習が成立しているがゆえに，あなたは，変わりながらも同じ自分を知覚して認知するつもりになれる。この類の装置は他にも沢山ある。ビデオ，衣服，名簿，履歴書，身分証明

書，アドレス，等々。さらに，家族関係，友人関係，同僚関係，等々。要するに，社会は，人々の人格同一性を膨大な装置によって生産して維持しているし，それを前提として営まれているのである。そのことが人格同一性の成立に寄与していないはずがない。

　ところが，そもそもロックがそうであったが，パーフィットも社会的な装置の一切を捨象する。だから，その議論は，始めから非社会的で非現実的なものなのである。問われるべきは，どうしてそんな風に始めたいのかということだ。

　こう解することができる。あなたが一切の人格同一性生産装置を剝奪されて喪失したと想像してみよう。あなたには，名前がない。名前を呼んでくれる人もいない。恒産もない。身分も肩書もない。それでも，あなたには，心理的な能力と身体的な能力が残っていると想像しよう。パーフィットは，この想像の下で始めている。つまり，パーフィットは，非社会的な自然状態において，あたかも独力で生まれ育ったかのような自然人を想像して，そんな自然人の倫理を構想しようとしているのである。言ってしまえば，動物的な倫理を構想しようとしているのである。なぜか。しかも，かくも大部の本を書いてまで。たぶん動物のように生きて死にたいからだ。動物のように生きて子を生んで恐れることなく死んでいきたいからだ。この社会は，動物を無理矢理に人格化して何かとんでもない人生を歩ませていると感じているからだ。傍証をいくつかあげよう。

　① 常識道徳は，人格の同一性を通して「人生全体」というカテゴリーを作り出す。そして，人生全体を見通すことが道徳的に正しくて合理的であるとする。逆に言うなら，それが正しく合理的であると弁証することによって，人生全体というカテゴリーを何としてでも守ろうとする。しかし，動物が生全体のことなど気にかけるだ

ろうか。明日は明日の風が吹く，で幸せにやっているのではないか。「われわれが価値や理想を気にかけるとき，意味ある単位は人の全生涯であるという主張は弁護できない」。ところで，この論点は，英語圏の思想界では「時間に関する割引率」を通して論ずる慣わしになっている。それは経済学にもまたがる論点なので，いきおいパーフィットの議論は複雑化する。しかし，肝心なのは，複雑な議論を促している根本動機だ。

「もしわれわれが未来へのバイアスを欠いていればそれはわれわれにとってよいことであると私は主張した。この主張は，もしわれわれが近くへのバイアスを欠いていればそれはわれわれにとってよいことであるという，もっともらしい主張と調和する。後者のバイアスを批判しながら前者のバイアスを批判しない根拠はここにはない。時間に対するこの両方の態度は，全体として，われわれにとって悪いものである。／私は未来へのバイアスがわれわれにとって悪いものだと信じているから，われわれはこのバイアスを持つべきではないと信ずる。この信念はこのバイアスの合理性について論点を先取りしているわけではない。説得力あるいかなる道徳理論においても，われわれが皆もっと幸福になるということはよりよいことである。もし可能ならばわれわれは未来へのバイアスを持つべきではないということの意味はこれである。われわれにこのバイアスを与えることにおいて，〈進化〉は死に対する最善の態度を与えていないのである。」

しかし，パーフィット自身が認めるように，「この態度は，望ましいとはいえ，狂っているように思われるかもしれない。あるいはばかげた誤りを含んでいるように思われるかもしれない」。だからこそ，弁護のために相当に複雑な議論を要するのである。

② パーフィットのSF的議論についても、やはり肝心なのはその根本動機である。「もしわれわれが、自分の同一性が重要なことだとは信じなくなれば、このことは老化や死への態度といったわれわれの感情の一部に影響するかもしれない」し、「われわれは合理性と道徳性の両方に関する自分の見解を変えるように導かれるかもしれない」し、「このことはわれわれの生に相違をもたらすかもしれない」。だから、パーフィットはかくも大部の本を書いたのだ。

「真理は気の滅入るものだろうか？　そう考える人がいるかもしれない。しかし私はそれが解放と慰めをもたらすものだと思う。私の存在がそのような［物理的・心理的継続性とは区別された深い］さらなる事実であると信じていた時、私は自分自身の中に閉じ込められているように思われた。私の生はガラスのトンネルのようだった。私はそれを通って毎年一層早く動いていき、その端には闇があった。私が見解を変えた時、私のガラスのトンネルの壁は消滅した。私は今や開かれた空気の中に生きている。私の生と他の人々の生の間にはまだ相違があるが、その相違は小さくなった。他の人々は近くなった。私は自分自身の生の残りを気にかけることが少なくなり、他の人々の生を気にかけることが多くなった。……私の死は、私の現在の経験と未来の経験との間の直接的な関係を断ち切るだろうが、他の様々な関係は断ち切らないだろう。私であるところの人は誰も生きていないという事実の意味するところは、これがすべてである。このことがわかった今では、私の死は前ほど悪いものではないように私には思われる。／私は「私は死ぬだろう」と言うかわりに、「これらの現在の経験とある仕方で結びついている未来の経験はないだろう」と言うべきである。」

動物的な倫理へ

③ 最後に，未来世代のための倫理を語るその根本動機を見ておこう。

「私が壊れたグラスを森の茂みの中に残すとしてみよう。百年後，このグラスがある子供を傷つける。私の行為はこの子供を害するのである。もし私が安全にこのグラスを埋めていたら，子供はけがをせずに森を通り抜けていただろう。／私が傷つける子供が今存在しないということは，道徳的に相違をもたらすだろうか？……このケースが示すように，〈社会的割引率〉は弁護できない。……未来の出来事の現在の道徳的重要性が，毎年 n パーセントの割合で減少することはないのである。時間的な遠さは，それ自体としては，空間的な遠さよりも重要なわけではない。」

森の中の動物は，〈ただ〉グラスを埋めるだろう。排泄物を埋めるように，〈ただ〉埋めるだろう。社会化され人格化された人間は，その〈ただ〉の境地にいたるためには，かくも大部な「理由」を要するということ，要さざるをえないということ，そこに常識道徳の狂いがあるということをパーフィットは示しているのである。

デレク・パーフィット（Derek Parfit, 1942- ）
　現代の功利主義の理論的頂点に立つと言える哲学者・倫理学者。その人格同一性をめぐる SF 的設定の導入は，学界だけでなく文化界にも影響を及ぼしている。寡作だが，平等主義やカント倫理学について論稿がある。

参考・関連文献
　森村進『権利と人格　超個人主義の規範理論』（創文社，1989 年）

第2部
徳と力

　よく言われることだが，古代の倫理学は，いかなる人になる（べき）かという問いを中心とした徳の倫理であるのに対して，近代の倫理学は，いかに行為するべきかという問いを中心とした行為の倫理である。近代の倫理学は，人柄や性格について倫理的に考えることが不得手なのである。

　これもよく言われることだが，徳は力を意味してもいる。とするなら，徳の倫理においては，力が大きいこと，力が強いことは，それ自体として，善いことであり正しいことであり美しいことなのである。ところが，近代の倫理学は，このことをそのまま呑み込めなくなっている。近代の倫理学は，弱者に対する同情道徳から発しているからである。

　さて，徳の倫理といえば，古代ギリシアのプラトンやアリストテレスを最初にするのが通例であるが，第2部では，古代ローマのキケローで始めることにした。徳の倫理の輪郭と射程を見極めるためには，プラトンのあれこれの対話篇やアリストテレスの大著よりキケローの著作の方が，見通しがよくなるからである。

　なお，徳と力を考える上では，デカルトとスピノザ，ヒュームやジャンケレヴィッチを落とせないところなのであるが，本書では断念した。

キケロー

『善と悪の究極について』
De Finibus Bonorum et Malorum, B.C. 45

永田康昭,兼利琢也,岩崎務訳『キケロー選集 10　哲学Ⅲ』,岩波書店,2000 年

――快楽と美徳――

　本書は,古代ギリシア倫理の諸学派,すなわち,エピクーロス派,ストア派,ペリパトス派を批判的に紹介する書物である。全5巻からなり,第1巻・第2巻はエピクーロス派倫理を,第3巻・第4巻はストア派倫理を,第5巻はペリパトス派倫理を,それぞれ紹介して批判している。

　本書は,その書物の大半が失われてしまった古代倫理学説を後世に伝える,極めて貴重な書物である。本書が伝えられてこなかったなら,現代のわれわれは古代倫理学のほとんどを知ることはなかっただろう。しかし,本書は,ただの紹介書ではない。キケローは,ギリシア語を読んでギリシア語で考えるだけでは,ローマ文化が育つことはありえないとし,強い使命感をもって,ギリシア語をラテン語へと自ら翻訳し,しかもその内容を批判的に咀嚼して,若きローマ市民に伝えようとしている。「自国の文学に疎い人間は,誰一人十分に教養があるとは言えない」から,「最高の才能と精密な学識をあわせもつ哲学者たちがギリシア語で論じてきた哲学の諸説をラテン語文化の土壌に移植するという企て」を実行するのである。本書の価値は,そこにこそ見出されるべきである。

エピクーロス派について

　さて，キケローによるなら，エピクーロス派の主張はこうである。倫理においては，快楽と苦痛が大事である。何を追求し何を忌避すべきかの基準を与えるのは快楽と苦痛である。この快楽主義は，「人間の品位を汚すもの」として批難され侮蔑されてきたが，決してそんなことはない。人間が追求すべきは「正当で高潔な行為」であると誰もが認めているが，それがなぜかといえば，「正当で高潔な行為はそれ自体がそれ自体によって喜びを，つまり快楽をもたらす」からなのである。そして，誰しも快楽が善であり苦痛が悪であると認め，誰しも人生の究極目的は最高善であり最高善とは徳にほかならないと認めるはずである。とするなら，徳は最高の快楽をもたらすと言うべきである。逆に，「立派で美しい諸々の徳も，もし快楽を生み出さなければ，誰も賞賛すべきもの，追求すべきものとは思わないはずである」。

　さらにエピクーロス派は，知恵が徳に数え入れられることについて，こう主張する。「医者の知識」はどうして評価されるのか。それ自体に価値があるからではなく，それが苦痛をなくし快楽をもたらし健康を回復させるからである。とするなら，徳としての知恵も，快楽をもたらすが故に評価されると考えなければならない。ところで，心の苦痛がどこから生まれるかといえば，欲望から生まれる。欲望は人々を駆り立てながら決して満たされることがない。満たされないからこそ，ますます人々を駆り立てる。その果てに，「欲望からは憎しみが，分裂が，不和が，党争が，戦争が生まれる」。だから，欲望を取り払う「知恵」こそが，快楽の「確かな案内者」となり，徳として評価されるのである。人生の究極目的たる知恵とは，そのようなものである。「賢者は欲望の限度をわきまえ，死を無視

し，不滅の神々についてはいかなる恐怖も抱かず真実を認識し，もしその方が善いとなれば，生から退去することを躊躇しない」。

　キケローの批判は多岐にわたっているが，三点だけ取り出しておこう。第一に，「正当で高潔な行為」，とりわけ「義務」を果たす行為は，快楽を生み出すどころか苦痛を生み出すのが通例である。一般に，義務は，快楽や欲望に動かされる人間に対して規制をかけるものであるから，義務の遂行は人間にとっては苦痛以外の何ものでもない。仮に何の苦痛も感じずに義務を遂行できる人がいるとしても，「義務の果実は義務そのもの」であって，そのときに「まるで手数料でも取るように」快楽の効果を期待するのは間違えている。「勇敢な戦士たちは快楽の損得計算をしてから戦闘に突入していくのでしょうか」。第二に，仮に義務の遂行が快楽を生み出すとしても，義務の遂行の目的を快楽に置くことはできない。それを公言するだけで，公的には怪しげな人物と見られてしまうはずだ。

　「君は近いうちに上級の行政官職に就いて議場にも登壇することになるわけですが，……そのときに，例えば，自分は在任中は職務はすべて快楽を旨として執り行うつもりであるとか，自分は生まれてこのかた快楽を目的とすること以外のことはいっさい何もしてこなかったとか発言されたとしても，それでいったい何の得になるとお思いになります。……君はそんなことは絶対に発言されないはずです。なぜですか。それが醜悪（卑劣）な発言だからという以外に，どんな理由がありうるでしょうか。……君が奉じていらっしゃる教説は，一人のときとか，仲間と一緒のときとかにだけ通用するもので，みずから公言して人前に明らかにすることは憚られる性質のものなのです。」

　第三に，幸福な人生であるかどうかは，人生が終わってから，死

後に定まることである。「幸福な人生と言う場合，人生の時間一部分についてではなく，その連続する総体について言うのがふつうですし，またそれは終結して完成して初めて幸福な人生と呼ばれます」。ところが，快楽は一時的なものでしかない。だから，人生の幸福の基準が快楽の総量であるとするなら，快楽が人生全体にわたって持続するといった具合でなければ，快楽を人生の最高善であるなどとは言えなくなるはずである。しかし，人生には苦痛が付き物であるから，そんな人生はありえない。このように，キケローはエピクーロス派を退けている。

ストア派について

では，ストア派はどうだろうか。ストア派は，人生の究極目的たる最高善は徳である，徳だけであると言い切る。何のために生きるのかと問われるなら，徳ある人間になるために生きるという答え以外は一切認めない。ここから，ストア派のさまざまな逆説的な主張が派生してくる。とくに，苦痛は悪かという論点についてである。苦痛が悪であるなら，苦痛の只中で徳を発揮する賢者は，徳なる最高善から苦痛なる悪の分が差し引かれただけの善を体現することになる。とすると，苦痛の只中で徳を発揮する賢者と，快楽の只中で徳を発揮する賢者を比較するなら，前者は後者より少ない善を体現することになる。それでは，同じ賢者なのに同じ最高善を体現しないことになってしまう。だから，苦痛や死は悪ではないと，あるいは，善でも悪でもないと決然と言い切らなければならない。となると，賢者の徳は，基本的に精神的なものに限られることになる。苦痛や死を前にしても，変動することのない最高善の在り処は，魂だけに限られるからである。「本当に無敵なのは賢者を措いて外にあ

りえません。たとえ身体は縛られていようと,その魂にはどんな鎖もかけられはしないからです」。こんなストア派の倫理学説について,キケローはそれでは「冗談」にしかならぬと批判する。

「仮にもし最高善が唯一徳にのみ置かれるのが正当であるとするならば,やり方は一つしかない。つまり,全体が心だけから成るような生き物が存在し,しかもその生き物の性質がそういったものである——つまり,その心が自身のうちに,健康のような,自然に即したものを何一つとしてもたないようなものである場合に限られる。しかしこれ自体が自己矛盾に陥っているから,それがどのようなものか考えることすらできない。……だからときどき私には,こういったことに関してストア派が冗談を言っているのではないかと思えてならない。つまり,徳をもって送られる生に,油の瓶や掻き棒が付け加わるのならば,賢者はそのような生の方を選択するだろう,だがそれらが付け加わったからといって,それが原因で生がより幸福になるわけではないだろう,と言う場合である。」

ストア派は,魂の最高善だけを追求するあまり,最高善たる幸福に対して「油の瓶や掻き棒」が寄与する分を蔑ろにしている。キケローは,人生の究極目的＝最高善＝幸福には,やはり「苦痛のないことと健康であることが必要である」と主張する。これはペリパトス派の主張に似ているが,どうであろうか。

ペリパトス派について

アリストテレスを始祖とするペリパトス派は,究極目的＝最高善＝幸福を構成するものとして,精神の徳だけでなく身体の徳も数え上げる。また,幸福を構成するものとして,あれこれの善きものを数え上げる。となると,賢者が幸福であるためには,人間に可能な

すべての善を体現しなければならなくなる。しかし、そんな人間が現実に存在するはずもない。というわけで、ペリパトス派は、多様な善の存在を認めておきながら、賢者が幸福であるためには全てが要るわけではないと言いたがる。これは、全く首尾一貫しない立場である。これよりは、無理を通してでも首尾一貫性を追求するストア派の方が偉大である。というのは、ペリパトス派に従うなら「もし貧乏が悪であるならば、乞食の身の上では、いかに賢者であろうとも、誰も幸福であることはできない」ということになるが、ストア派なら「そのような人は幸福であるばかりでなく、裕福でもあると、大胆に言った」からである。

　以上の議論は、現代におけるアクチュアルなテーマにも大いに関係する。古代倫理学説がさまざまな言語に翻訳されて今日まで伝承されていることは、やはり素晴らしいことである。

マルクス・トゥリウス・キケロー（Marcus Tullius Cicero, B.C. 106?-43）
　ギリシア哲学・倫理学をローマ帝国でラテン化し、それを後世に伝えるのに最も貢献した政治家・弁論家・学者である。ルネサンス期から19世紀まで、とくに『義務について』がラテン語教科書として広く使われたこともあり、西洋の徳と人文的教養（humanitas）を象徴する人物である。

参考・関連文献
　『キケロー選集』全16巻（岡道男ほか編、岩波書店、1999-2002年）
　角田幸彦『キケローにおける哲学と政治』（北樹出版、2006年）
　A・A・ロング『ヘレニズム哲学　ストア派、エピクロス派、懐疑派』（金山弥平訳、京都大学学術出版会、2003年）
　高田康成『キケロ　ヨーロッパの知的伝統』（岩波新書、1998年）

ミシェル・ド・モンテーニュ

『随想録（エセー）』
Essais, 1580/1588

松浪信三郎訳『世界の大思想 5・6』，河出書房新社，1974 年

──徳と悪徳──

　モンテーニュは，一方では書物の勉強は役に立ちそうもないと書く。「或る者は洟水をたらし，目脂をため，垢だらけになって，夜半すぎに書斎から出てくるが，はたして彼は，たくさんの書物のあいだに，「いかにすれば，いっそう善い人間，いっそう満足を知る賢明な人間になることができるか」を，求めているのだろうか。何のことはない，彼はそうして死ぬであろう」（「孤独について」より）。まして，人生の何たるかをすでにわかっているはずの老人が，いまさら勉強するなどどうかしている。「人は幾つになっても勉強を続けることができるが，学校の勉強はだめである。老人の ABC なんてばかげたことだ！」（「何ごとにもその時季がある」より）。

　モンテーニュは，他方では学識を重んじている。そして老齢にいたるまで勉強を重ねてエセーを書き継いでいる。とくに古代ローマに関して，なかでもセネカとプルタルコスに関して。「私はいま，自分が現代に無用な人間であることを知って，ふたたび古代ローマにたちかえる。私はそれにすっかり抱きこまれてしまう。自由で，公正で，花盛りだった古代ローマのありさま」（「空虚について」より）。そして，こんなことも書いている。「古代の哲学のどの学派に

おいても見られることであるが，同じ作者が，一方で節制の規則を公表しながら，他方で恋愛と遊蕩の本を公表している」（「空虚について」より）。ところで，本書は，節制の規則だけでなく恋愛と遊蕩についても合わせて書いている。なかなか野心的なのだ。

モンテーニュは，複雑な人である。といっても，しなやかで，したたかな複雑さだ。そして，本書には高級なブログといった趣があって，一気に通読するよりは，気ままに各エセーの題名に惹かれながら拾い読みするのがよい。そうして，たまたま出会った名句を記憶して，ときおり考えめぐらすのがよい。その意味で，本書は聖書に似ているとも言えるかもしれない。そして，物を書くほどの人ならば，本書のような書物を書いてみたいものだと一度は思うはずだ。晩年のフーコーなどもそう思っていた節がある。

ここでは，本書を通読すると目につきやすいテーマを取り出しておこう。内乱と医療についてである。

内乱の原因

モンテーニュは，同時代を嫌悪している。「頽廃した時世」「凡庸なものしか生みださない時代」（「自惚れについて」より）と言って憚らない。どうしてか。何よりも，内乱の時代，政治的・宗教的内乱の時代だからだ。「私は，わが国の内乱による放縦の結果，残酷というこの悪徳の信じられないほどの実例が充満している時代に生きている」（「残酷について」より）。では，どうするのか。ここで「肉体的快楽・恋愛・女性」について書いていることが，すなわち，禁止されればされるほど侵犯の欲望が掻き立てられるという人間本性についての考察が効いてくる。

「侵入しやすいということが，私の家をわが国の内乱による暴力

から守るのに役立っている。防備は攻撃を誘い，疑心は侵害を誘う。私は兵士たちの意図を弱めた。というのも，私は彼らのいさおしから，彼らにとっていつも名目や弁解として役立つ冒険と，あらゆる武勲の材料を，除き去ったからである。正義が死んでいる時代には，勇敢な行為ならば，何でも名誉な行為になる。私は，彼らに，私の家の征服を，卑怯で陰険なことだと思わせる。」(「われわれの欲望は困難によって増大する」より)

この対策は余りに私的で消極的すぎやしないかとの疑念に対しては，こう答えられる。そもそもこの「世界は治療されるのに適していない」し，仮にそうだとしても，「人間はどんな状態に置かれても，たがいに犇（ひし）めきあったり詰めあったりしているうちに，何とか纏（まと）まりがつき，落ちつくものである」(「空虚について」より)と。

もちろん，モンテーニュも内乱の原因については考えている。その原因を根こそぎにすればよいことは承知だ。ここで大事なのは，「現代に無用な人間」の身の丈に合わせて，原因と対策を考えることだ。モンテーニュは，徳に狙いを定める。

「あらかじめ運命の出来事を予測したり，多くの人が信仰によって，また或る哲学者たちが理性によってそうしたように，われわれの手中にある幸福をみずから禁じたり，自分で自分の始末をつけたり，堅いもののうえに寝たり，眼をえぐったり，自分の財産を河のなかに投げこんだり，苦痛を求めたりすることも（一方はこの世の苦痛によって来世の幸福を得ようとするものであり，他方ははじめから最も低いところにいて，それ以上に墜落しないようにするものであるが），あまりにも行き過ぎた徳の行為である。」(「孤独について」より)

では，行き過ぎてしまいがちな徳とは何か。宗教的な徳と，戦士の徳に起源のある名誉や勇気である。両方とも内乱の原因なのだが，

モンテーニュの周りの人々もそれを讃えているのだ。「私がつね日ごろ交わっている人たちにとっては，最高の幸福としては名誉しか考えられないし，最高の完全さとしては勇気しか考えられない」（「自惚れについて」より）。だから，モンテーニュは，内乱の原因となる徳に対して，「百姓たちの行状や話」を持ち出し，何よりも古代ローマの慎ましい徳に繰り返し立ち返るのだ。

医学批判

となると，当然，死を前にしての徳が問題となってくる。古代倫理学説のすべてを勉強することが必要になる。わけてもストア派とエピクーロス派を読む必要がある。

「お前は最後の日を，恐れてもいけないし，望んでもいけない」（マルティリアス）。「この二つはともに恐るべき情念であるが，前者は後者よりも，まだしも治療しやすい」（「子供と父親の相似について」より）。死の恐怖は死の希求よりも治療しやすい。だから，たやすく内乱も起こるわけだ。もちろん凡人には，逆に見える。死の恐怖の克服はとても難しく見える。どうしてか。医学が悪いのである。医学が死の恐怖を搔き立てるのである。

「医者たちは病気を支配するだけでは満足しない。医者たちは健康な者を病人にさせ，われわれがどんな季節にも彼らの権威からのがれられないようにする。彼らは恒常的な完全な健康からさえも，未来の大病の論拠をひきだすではないか？」（「子供と父親の相似について」）

ところが，モンテーニュの医学批判も，なかなかに複雑である。例えば，こんな一節が書かれてある。

「私が会った或る貴族は，自分の生活を，自分の腹工合によって

のみ伝えていた。彼の家へ行ってみると、七、八日分の便器が順々に並べてある。それが彼の研究であり、彼の話題であった。それ以外の問題は、彼にとっては鼻もちならぬものであった。この私の著作も、それにくらべるといくらか上品ではあるが、やはり老いたる精神の排泄物である。ときには硬く、ときには軟かいが、いつでも不消化である。」(「空虚について」より)

　前半はもちろん医学への揶揄である。そして、モンテーニュはその揶揄を自分にも向ける。すると、どういうことになるのか。そこを考えさせたいのである。とはいえ、モンテーニュの医学批判そのものに揺らぎはない。その理由を示唆する一句が、さりげなく放り込まれていたりする。「貴重な私の友人(ラ・ボエシ)を殺した医者たち」(「子供と父親の相似について」より)と。

死を前にしての反ソクラテス

　では、死を前にしてどうするのか。古代倫理学説に即してさまざまな考えが書きとめられているが、あまりよく知られてはいないと思われる一節を引いておこう。

　「私はアルキビアデスのように、私の生死について決定権をもっている人間の前には、できることなら、決して出頭しないことにしたいと思っている。そこでは、私の名誉と私の生命が、私の無罪に依存するよりも、むしろ私の代訴人の技巧や心づかいに依存するからである。」(「経験について」より)

　このように内乱と医学のテーマで拾ってみると気づかれることがある。モンテーニュは、徳の過剰と医療の過剰を問題にしている。言いかえると、徳と健康をめぐる過剰を問題にしている。実は、徳と健康を常に類比的に考え、徳の教育としての哲学と健康を生み出

す技術としての医学を常に類比的に考えていたのがソクラテスとプラトンであった。モンテーニュが、二人にほとんど関心を示さず、まるで本来の倫理は古代ローマから始まるかのように書物を仕上げたのは、そこに理由があったのかもしれない。本書の最後の一節もその傍証になるだろう。明らかに、プラトン『パイドン』におけるソクラテスの最期——その最後の台詞は「クリトン、アスクレピオス［医療の神］に鶏を一羽おそなえしなければならなかった。その責を果してくれ。きっと忘れないように」であった——を意識しているのだから。

　「最も美しい生活は、私の考えでは、平凡な、人間らしい、秩序ある、しかも奇蹟もなく異常なこともない、模範にかなった生活である。ところで、老人は、少しばかりやさしく扱われる必要がある。ではこの老年を、健康と知恵の、しかも陽気で社交的な知恵の守護神たるアポロンによろしくお願いしよう。」（「経験について」より）

ミシェル・ド・モンテーニュ（Michel Eyquem de Montaigne, 1533-1592）

　『エセー』の「レーモン・スボンの弁護」に見られる「クセジュ Que sais-je?（私は何を知っているか）」という有名な標語によって懐疑論者として知られるが、その思想も文体も懐疑論として括り切れないほど豊かである。なお、本書には、関根秀雄訳、原二郎訳、宮下志朗訳などがある。

参考・関連文献
　ジャン・スタロバンスキー『モンテーニュは動く』（早水洋太郎訳、みすず書房、1993年）
　堀田善衛『ミシェル城館の人』全3部作（集英社、1991-1994年）

ジャン゠ジャック・ルソー

『人間不平等起原論』
Discours sur l'origine de l'inégalité parmi les homes, 1755

本田喜代治, 平岡昇訳, 岩波文庫, 1972 年

―― 平等と不平等 ――

二種類の不平等

　本書は, ディジョンのアカデミーが提出した懸賞問題,「人々の間における不平等の起原はなんであるか, そしてそれは自然法によって容認されるか」という問題に対する解答として書かれたものである。まず, ルソーは二種類の不平等を区別する。「私は人類のなかに二種類の不平等を考える。その一つを, 私は自然的または身体的不平等と名づける。それは自然によって定められるものであって, 年齢や健康や体力の差と, 精神あるいは魂の質の差から成りたっているのである。もう一つは, 一種の約束に依存し, 人々の合意によって定められるか, 少くとも許容されるものだから, これを社会的あるいは政治的不平等と名づけることができる」。

　ところで, 注意すべきことが二つある。第一に,「人は自然的不平等の源泉は何かと尋ねることはできない」。なぜなら, その源泉は「自然」であるものとして定義されているからである。だから, 自然的不平等についてはそれを所与として扱うしかない。第二に,「この二つの不平等のあいだに何か本質的なつながりがありはしまいかと探究することはなおさらできない」。なぜか。ルソーは, こ

う書いている。

「それは，命令する者のほうが服従する者より必然的にすぐれているかどうか，そして肉体または精神の力，知恵または美徳が，常に権勢や富に比例して同一の個人のなかに見出されるかどうか，を別の言葉で尋ねることになるからである。そのようなことは，主人を傍聴させながら奴隷のあいだでたたかわすには恐らくもってこいの問題かも知れないが，真理を探究する理性的で自由な人々には適しないのである。」

現在の社会状態においては，自然的不平等と社会的不平等が一致するか否かを探求することは，一致する場合もあれば一致しない場合もあるとしか答えようがないのだから，主人について有能か無能かを詮議して褒めたり貶したりしたがる奴隷のお喋りにしかならない。これに対して，理性的で自由な人々が探求すべきは，そもそもいかにして自然的不平等から，主人と奴隷の不平等が発生してきたのかということである。このとき，二つの不平等の関係は単純に割り切れるものではないのが見えてくるはずである。

さて，ルソーは，自然的不平等に関しては，そもそもは種としての人間と種としての動物の間において認知されるものであるとする。「未開人は動物たちのあいだに分散して生活し，早くから彼らと力を競う状態にあるので，彼はすぐに動物との比較をするようになる」。そして，自然的不平等は，人間個人の間ではほとんど成立しなかったし認知もされなかったとする。「自然はりっぱな体格の人たちを強くたくましいものにし，そうでない人をすべて亡ぼしてしまう」からである。だから，自然状態の「未開人」は，「ほとんど平等」であった。そして，ルソーによるなら，「未開人」は，その自然感情だけで，すなわち「同胞の苦しむのを見るを嫌う生得

の感情」,「ただひとつの自然的な美徳」である「憐れみの情」だけで,十二分にうまく生存していたし現に生存している。ところが,この自然状態に変化が訪れる。社会的不平等が入り込んでくるのである。なぜだろうか。本書は,その経緯と段階についての錯綜した叙述になっているので,いくつかの点を取り出すだけにしておこう。

不平等の起原

　第一に,人間と動物の比較である。この点では,「動物との競争」を通しての動物の家畜化が決定的である。動物は「家畜になると,その長所の半分を失ってしまう」。ここから,「動物に対する優越性」の自覚が生まれ,種としての人間の優越性の意識が,家畜を飼育する人間個人の優越性の意識へと転ずる。

　第二に,私有財産である。名高い一節を引こう。

　「ある土地に囲いをして「これはおれのものだ」と宣言することを思いつき,それをそのまま信ずるほどおめでたい人々を見つけた最初の者が,政治社会の真の創立者であった。杭を引き抜きあるいは溝を埋めながら,「こんないかさま師の言うことなんか聞かないように気をつけろ。果実は万人のものであり,土地はだれのものでもないことを忘れるなら,それこそ君たちの身の破滅だぞ!」とその同胞たちにむかって叫んだ者がかりにあったとしたら,その人は,いかに多くの犯罪と戦争と殺人とを,またいかに多くの悲惨と恐怖とを人類に免れさせてやれたことであろう?」

　問題は,私有を最初に宣言した者にあるというよりは,私有宣言を信じた「おめでたい人々」の方にある。ルソーの見立てでは,私有を宣言する者は強者である。実際,杭を打ち込んだり溝を掘ったりするには,相当の身体的体力を要するだろう。杭を引き抜いたり

溝を埋めたりするほどの体力を持つ者は、たぶん他にいなかったのであろう。真の問題は、この強者を弱者が真似てしまうところにある。「最初に住居をこしらえ、それを自分で守る力があると感じたのは、おそらく強い者であっただろうから、弱い者は彼らを追い出そうとこころみるよりは、むしろ彼らをまねるほうがより簡単で、より確実だと思った」。私有財産は、そんな弱者たちの制度である。

　第三に、恋愛である。恋愛は、「未開人にはけっしてもつことのできないある種の価値または美の観念や、未開人にはけっして行うことのできない比較に基づいている」。この美の比較によって、人間個人の間に不平等が導入される。さらに、「恋愛と余暇」から「歌謡と舞踏」が生まれるが、ここでも人間個人が比較されるようになる。「公の尊敬を受けることが、一つの価値をもつようになった」。「もっとも上手に歌い、または踊る者、もっとも美しい者、もっとも強い者、もっとも巧みな者、あるいはもっとも雄弁な者が、もっとも重んじられる者となった。そしてこれが不平等への、また同時に悪徳への第一歩であった。この最初の選り好みから一方では虚栄と軽蔑とが、他方では恥辱と羨望とが生れた」。こうして、平等と不平等をめぐる議論には、必ずや虚栄・軽蔑・恥辱・羨望という暗い情念が貼り付くことになる。

　第四に、文明化である。「人間を文明化し、人類を堕落させたものは、詩人からみれば金と銀とであるが、哲学者からみれば鉄と小麦とである」。「もっとも強い者はより多くの仕事をし、もっとも器用な者は、自分の仕事をより巧みに利用し、もっとも利口な者は労働を省く手段を発見したのであった。耕作者はさらに多くの鉄を必要とし、鍛冶屋はさらに多くの小麦を必要とした。そして同じように働きながら、ある者は実入りが多いのに、他の者はかろうじて生

きていた。このようにして，自然の不平等が［新しい原因の］組み合せによる不平等とともに知らず知らずのあいだに発展した」。文明化を通して，精神的な力にも不平等が導入される。文明化を通して，精神の自然的不平等が発見され産出されるのである。

主人と奴隷のお喋り

自然的不平等とは，実は，社会化された自然的不平等なのである。ここを基盤にして，「かつて人間精神に入りこんだもののなかでも，もっとも深く考えぬかれた計画」が登場する。「富者」は「隣人」にこう語るのである。「弱い者たちを抑圧からまもり，野心家を抑え，そして各人に属するものの所有を各人に保証するために団結しよう。正義と平和の規則を設定しよう。それは，すべての者が従わなければならず，だれをも特別扱いせず，そして強い者も弱い者も平等におたがいの義務に従わせることによって，いわば運命の気紛れを償う規則なのだ。要するに，われわれの力をわれわれの不利な方に向けないで，それを一つの最高の権力に集中しよう，賢明な法に則ってわれわれを支配し，その結合体の全員を保護し，共通の敵を斥け，われわれを永遠の和合のなかに維持する権力に」。

「富」者——自然的「強」者と同じではないが，社会化された自然的「強」者——は，自然的「弱」者の保護を名目にし，また，社会化された自然的な「強」者と「弱」者の平等を盾に取って，また，それが「運命」化された自然的不平等を補償すると称して，法を創設する。しかも同時に，不平等の最たるものである「最高」権力を創設する。そして，驚くべきことに，全員が喜んでこの服従計画に合意するのである。「だれもかれも自分の自由を確保するつもりで，自分の鉄鎖へむかって駆けつけた」。これが，いまも変わらぬ社会

状態である。

　「これらさまざまな変革のなかに不平等の進歩をたどってみると，われわれは，法律と所有権との設立がその第一期であり，為政者の職の設定が第二期で，最後の第三期は合法的な権力から専制的権力への変化であったことを見出すであろう。従って富者と貧者との状態が第一の時期によって容認され，強者と弱者との状態が第二の時期によって容認され，そして第三の時期によっては主人と奴隷との状態が容認されるのであるが，この第三の時期が不平等の最後の段階であり，他のすべての時期が結局は帰着する限界であって，ついには新しい諸変革が政府をすっかり解体させるか，またはこれを合法的な制度に近づけるにいたるのである。」

　こうして，「主人」の側では悪徳がはびこり，「奴隷」の側では，「主人」を傍聴させながら，貧富と強弱に加えて，自然的不平等と社会的不平等をめぐるお喋りが始まる。

ジャン゠ジャック・ルソー（Jean-Jacques Rousseau, 1712-1778）

　政治思想的著作としては，有名な『社会契約論』と並んで，この『人間不平等起原論』がある。教育学的著作として『エミール』，書簡体小説として『新エロイーズ』，自伝として『告白』がある。そして，自伝の体裁もとりながらもその枠をはみ出る重要な著作，『ルソー，ジャン゠ジャックを裁く』『孤独な散歩者の夢想』がある。

参考・関連文献
　川谷茂樹『スポーツ倫理学講義』（ナカニシヤ出版，2005年）
　川合清隆『ルソーの啓蒙哲学』（名古屋大学出版会，2002年）
　J・スタロバンスキー『透明と障害』（山路昭訳，みすず書房，1973年）

ミシェル・フーコー

『思考集成X 1984-88 倫理／道徳／啓蒙』
Dits et Ecrits, 1994

蓮實重彥，渡辺守章監修，筑摩書房，2002年

――立派に生きること――

自由／倫理／主体

　フーコーの書き物はすべて，倫理の書として読まれうるものである。ここでは，その練習のために，『思考集成』のごく一部の断片だけを取り上げることにしよう。

　フーコーは書いている。「私は人間の自由を固く信じている」と。また，「倫理とは，自由の実践である」と。また，「倫理的主体の問題」が重要であると。「自由」にせよ「倫理」にせよ「主体」にせよ，手垢にまみれた言葉だ。そこにフーコー独自の用法があるのだろうか。ゆっくりと読み直してみよう。フーコーは，アイデンティティの政治も差異の政治も承認の政治も相互承認の倫理も，自由を束縛するものと見なしていたことを確認しておこう。

　「戦術的な視点からは，「私は同性愛者だ」といつか言えるようになるのは大切ですが，より長期的に見れば，またより大きな戦略の枠組みでは，性的アイデンティティについてもはやさまざまな問いを立てるべきではないというのがわたしの意見です。だからこの問題の場合，自分の性的アイデンティティを確認することが重要なのではなくて，大切なのは，性や性のさまざまな形態へと自己同一化

せよという命令を拒否することなのです。性の一定の形式を介しての、またそれを用いての自己同一化の義務を拒否すべきなのです。」

この見地は、『性の歴史Ⅰ　知への意志』でも表明されていた。そこでは、いわゆるカミングアウトにしても、告白や告解の一形態であるとしてネガティヴに評価されていた。総じて、たとえそれがマイナーなものであっても、何らかのアイデンティティを旗印にして統一をはかる運動に対して、フーコーはネガティヴであった。ところが、考えるに値することは、そんなフーコーの思想が、どうしたことか、当時のゲイ・ムーブメントを強く励ましたという事実である。そのことからだけでも、フーコーにあってアイデンティティと自由の関係がどうなっているのかをゆっくりと考え直すことが必要になってくる。

このことは、性的アイデンティティに限ったことではない。私たちは、検査を受けて病名を告げられるや、何の疑念もいだくことなく、すぐに〈癌患者〉になってしまう。〈私は、癌患者である〉とカミングアウトして、癌患者に相応しい規範や約束事に従って自らを律していく。しかも、その類の自律や自立を促されて支援される。また、私たちは、就職活動して会社に就職するや、ひとかどの〈社会人〉＝〈会社人〉になってしまう。アイデンティティのシグナルとして背広を着ながら、数多くの規範や契約に服して自らを律していく。就活や婚活は、その最大の訓練の機会だ。フーコーは、そんなありふれた事実を念頭に置いているのである。そして、フーコーは、自己同一化の命令や義務を「拒否」すべきであると書いているわけだ。では、アイデンティティの拒否とは何ごとであろうか。

実は、大して難しいことではない。誰だって〈癌患者〉や〈会社人〉な成りきることなどないし成りきることなどできないからだ。

自分が癌であることを忘れることがある。背広を着て朝の体操をしながら心底うんざりしていることがある。誰だって表面的にアイデンティティを取り繕っているだけである。つまり，拒否しているのである。全面肯定して全面同化していない分だけ，その分だけは拒否しているのである。誰だって，その程度には「戦術的」で「戦略的」である。その程度には，自由な倫理的主体である。フーコーにわざわざ指摘されるまでもなく，誰だって分かっているし現に行なっていることだ。ところで，フーコーは，こうも書いている。

「ある主体が自らの最も本質的な部分を自己の性的欲望のうちに見出すように促されたりするのは，いったいどういう条件のもとにおいてなのか。」

これは難しい問いである。余りに難しい問いである。はっきり言って，フーコーも解けていない問いだ。あなたが癌と宣告されたら，あなたは「自らの最も本質的な部分」が癌に存すると思うようになる。癌であることは，あなたの隠された真実になる。では，あなたは，どうして自分はそうなるのか，そのように促されるのかと問うて答えられるものだろうか。ところで，癌患者としてのあなたの「本質的」欲望は何であろうか。治りたいという欲望であろうか。長生きしたいという欲望だろうか。愛する人と死別したくないという欲望だろうか。いずれにしても，その欲望があなたの本質をなすとして，どうしてそうなるのかと問うて答えられるものだろうか。ついでに問うておくなら，治りたいという欲望や死別したくないという欲望は，癌患者になることと「本質的」につながっているのだろうか。答えられるものだろうか。同じように，会社人についても問えるわけだが，はたして答えられるものだろうか。ついでに問うておくなら，それなりに答えられるとして，その答えの知が私たち

を自由な倫理的主体にするものだろうか。これにしても、フーコー自身も解けていないと言ってよい。では、一体、フーコーは何を考えているのか。

　フーコーの有名な言葉は手がかりになるだろうか。「すべて個人の生は一つの芸術作品であり得るのではないでしょうか？」たぶんその通りだが、フーコーも指摘しているはずだ。生の作品化は古代人の道徳的理念であるが、それは「他の人々に一つの美しい実存の想い出を残すことへの意志でした」。つまり、人生が一つの作品になるのは、たまさか美しい作品になるのは、当人の死後のことでしかない。当人の死後に、「他の人々」の記憶において作品になるだけである。しかし、そのようなことが、いまここでの自由や倫理に寄与するところがあるだろうか。古代人は、「名声の航跡ないし名声の痕跡を残す」ために生きることが自由や倫理に寄与することになるように努めたわけだが、それはいささか見苦しいことであるとフーコーは考えているのではないだろうか。

自由／徳／配慮

　もう一度、考え直してみよう。結局のところ、あなたが癌患者であり、あなたが会社人であるときに、自由を実践するとはどういうことだろうか。いまは言葉だけを表面的に辿ってみよう。それは、あなたが「自由な」癌患者や「自由な」会社人になることだ。フーコーは、古代の道徳の肯定面として、こう語っている。「いくつもの自由の形態がありました。国家や軍隊の長の自由は、聖者の自由とはまったく別のものだったのです」。ここで間違えてはならないが、軍人であることと聖者であることのどちらが自由であるかなどということが問題なのではない。また、軍人と聖者のどちらがよい

かということなどが問題なのでもない。ここで大事なことは，軍人の自由と聖者の自由をそれぞれ別の形態のスタイルとして肯定するということなのだ。

　すると，こうなる。あなたが癌患者なら，癌患者の「自由」を探るべきなのだ。あなたが会社人なら，会社人の「自由」を探るべきなのだ。癌患者であることや会社人であることを放棄することよりも，そちらの方が大切なのだ。フーコーの語り方にならえば，一所懸命に癌患者になること，一所懸命に会社人になることが大事なのだ。では，ここからどう進むか。

　フーコーの進み方はこうである。古代の道徳——それは基本的には徳の倫理である——から，自分の胸に響く言葉を少しずつ手繰り寄せてくるのである。それらは，それだけを見ると，ひどく道学者的な言葉である。何しろ古代道徳由来なのだから，儒教や神道や教育勅語にあってもおかしくはない言葉である。そんなフーコーの歩み方が，近代の倫理に慣れ親しんだ人々に呑み込めないのも当然だ。しかし，おそらく，フーコーではなく，フーコーの歩みにたじろぐ人々の方が間違っているのだ。例えば，フーコーは「立派」という言葉を手繰り寄せてくる。そのときに，こう語っている。「あなたが立派に自己に配慮するならば，つまりあなたがなんであるのかを存在論的に知り，自分がなにをできるのかを知り，ポリスの市民であり家の主人であるということはあなたにとって何を意味するのかを知り，おそれるべきこととおそれるべきではないことをわきまえ，希望を持つべきことと完全に無関心であるべきことをわきまえ，そして最後に，死をおそれるべきではないことを知るならば，そのときには他者に対する権力を濫用することなどありえません」。

　「立派に振る舞う自由人」になるなら，他者に対して権力を濫用

するようにはならないというのである。ここでも間違えてはいけないが、第一の目的が他人への権力濫用を停止することにあって、それに立派な自由が寄与するということではない。それなら、権利濫用禁止と言えば済む。また、立派な自由から権力乱用停止を理性的に導出できるということでもない。そんな推論が成り立つはずがないことは、試みる前から分かりきっている。大事なことは、「立派」という徳を表わす言葉が、胸に響くということなのだ。「立派で自由なゲイ」「立派で自由な癌患者」「立派で自由な会社人」という言葉に心を打たれて教えられて学びたくなるというそのことなのだ。そうして自己に配慮し自己を統御していけば、他者に対しても何ごとかが起こるかもしれないということなのだ。それは、「立派」という言葉を聞く耳を持たぬ人には、絶対に分からないことである。そして、ひるがえって、「自由」「倫理」「主体」という言葉についても同じことが成り立っている。

　以上が、フーコーの倫理のポイントであると思う。これからは、ゆっくりと読みながら考えよう。

ミシェル・フーコー（Michel Foucault, 1926-1984）

　フーコーの書き物と語り物の翻訳はほぼ出揃った。『思考集成』と『講義録』の翻訳は、その陣容と速度からしても、翻訳史に残る共同の偉業である。これからは、ゆっくりと落ち着いてフーコーを読むときである。

参考・関連文献
　神崎繁『フーコー』（NHK出版, 2006年）
　石川忠司『孔子の哲学』（河出書房新社, 2003年）
　デイヴィッド・M・ハルプリン『聖フーコー』（太田出版, 1997年）

第3部

快楽と欲望

　快楽と欲望は，実に射程の広いテーマである。ところが，最近の倫理学は，快楽と欲望に関して何も言えなくなっている。たしかに，功利主義において快楽と苦痛が語られ，その合理的扱いが論じられたりもするが，それはひどく狭いものになってしまっている。

　これに対して，20世紀において快楽と欲望を主題的に論じてきたのは，現代フランス思想系，精神分析系，ゲイムーブメント・レズビアンフェミニズム系の思想家たちである。

　これらを倫理（学）的に考え直していくことが，今後の課題となる。

ジェレミー・ベンサム

「自己にそむく違反，男色」
Offences Against One's Self: Paederasty, 1785/1814/1816

土屋恵一郎編，富山太佳夫監訳『ホモセクシュアリティ』，弘文堂，1994年

——性と法——

「自然に反した性欲」

ベンサムは，「男色」が法律で罪とされ罰せられることに対して反対文書を書いていた。これは存命中には公開されることなく，ようやく1978年になって，雑誌『ホモセクシュアリティ』に二回に分けて公表された。この文書は，日本では早くから土屋恵一郎によって紹介され，1994年にその日本語訳が刊行されている。

ベンサムは，〈自然に反した性欲〉を罰することには何の根拠も見出せないとして，こう書き出している。

「どのような分類の違反に，自然の域を踏み越えたこの規格はずれの性欲を入れようか。人々の目にふれぬよう隠されてしまえば，これらをほかのどこに位置づけようにも特色が見えなくなってしまう。どこか場所を見つけられるとすればそれはここであろう。ヨーロッパ諸国で現在これが受けている扱いと同じように容赦なくこれを扱うに足る根拠を，もしできるものなら見いだそうと，わたしは長いこと呻吟を重ねてきた。だが功利の原理にのっとれば，そんな根拠は何も見つからない。」

さて，この性欲は，その相手の「種は適当だが，性が不適当」で

あって,「忌まわしい行為」であると見なされている。しかし, それはどういうことなのか。その「違反の性質と傾向」, その「危害」や「危険」はいかなるものと見なされているのか。どう「呻吟」を重ねても,そんな見方には「根拠は何も見つからない」。第一に,「なんらかの一次的危害については,あきらかにこれは誰にもなんら苦痛を生ぜしめない」。第二に,「二次的危害については,これはなんら不安という苦痛を生みださない」。第三に,「苦痛以外のなんらかの危険については,そのような危険は,かりにあるとして,この例がもつ傾向の中になくてはならない。だがこの例の持つ傾向とはなにか。他の者を同じ習慣にひき込むこと。だがこの習慣はこれまでのところ何に対しても,どのような種類の苦痛も誰にも与えていない」。「忌まわしい行為」と見なす根拠などない。ましてや,「これを罰する理由は全く見つからないし,一般に行われてきたように苛酷にこれを罰する理由などなおさら見あたらない」。にもかかわらず,罰が法制化されている。そこで,「一般にこれを罰する理由とされてきたものにどんな説得力があるのかを検討してみよう」。

罰する理由はない
① 「安寧を乱す違反」「安全を犯す違反」とされるが,上に指摘したように,論外である。

② 「一方の性にもう一方の性がもつ弱さを与え」「人を軟弱にする傾向」があるとされる。これが仮に正しいなら,「自己にそむく違反」「無分別の違反」ということになる。そんな傾向を生むことがあるのは,単一の行為ではなく習慣であろう。しかし,習慣化された傾向が,「性欲を満たす通常の方法に対してはありえないほど

の苛酷さでこれを扱っていい根拠」にはならない。

　③ 罰の根拠として伝統が引き合いに出されるが，歴史的に見るなら，ギリシア・ローマでは，「誰もがそれを行い，そしてそれを恥じる者はいなかった」。

　④「無気力効果」が「受動者」にはたらくとされるが，この見方は駄目である。そもそも，ここにおいて能動・受動の役割は固定していないだろう。「受け身の役」は人を「退化」させ，「女性の役割」を演じるのは「男らしくない」とされるが，ギリシアにおいて，そんな見方に有利になるような例はない。

　⑤「件の行為は人口に悪影響をおよぼす」とされる。だからこそ，「人類を破滅にみちびく悪徳」「自然に対するいまわしい冒瀆」とされる。しかし，人類の数を現状維持するのに必要なことは，妊娠期間を考慮するなら，男性と女性の行動は「百分の一をはるかに下回る程度」で足りる。したがって，「女性に対する好みが男性に対する好みの百分の一よりも目に見えて少なくならないかぎり，人口に悪影響は出ないだろう」。しかも，そんなことは起こりそうにない。そんな事態になるためには，「自然な方の傾向が，逆に完全に自然にそむくものになってしまわなければならないからだ」。また，「件の行為」を非難しておきながら，聖職者の禁欲生活を認めているのは筋が通らない。「男色が世にはびこれば人類は破滅だという主張は禁欲生活にこそ当てはまる。単に人口のことだけを念頭において，男色家は火あぶりにすべきだという意見を是とするというのなら，僧侶こそがじわじわと火にあぶられてしかるべきなのだ」。そもそも，「君主というものは，少なくとも臣民の幸福にそこそこの注意を払って行動するつもりがあれば，臣民の数に悩む必要はない。また，人口を増やすことだけを目指す努力をする必要もない」。

⑥ 女性の権利を引き合いに出す論調もある。すなわち,「この習慣を罰することを支持するより深刻な理由は, この影響が男性の中に女性への無関心を生み, そのため女性の権利を侵害するというものである。このことは, 侵害が現実に続く限り, 実に深刻な非難である。女性の利益は, 男性のそれと同等の関心を——立法者にとってはより多くの関心ではないにしても——要求する」からである。「問題は次のように縮約されるだろう。つまるところ, この性癖の普及によってどれだけの数の女性が, 夫を持つことを妨げられることになるのだろうか, と」。さて,「結婚のもろもろの動機」が減ぜられることはなかろう。男性にしても, かの行為ないし習慣は,「人生の僅かな期間」にとどまることが多い。「真の女性嫌悪は少年愛好者には余り見られず, その数の多少は別にして, 仕事に忠実に考え行動する僧侶やカトリックの神父にみられるのだ」。

嫌悪と憎悪に対して

以上, ベンサムが論ずるように,「男色」を非難すべき根拠は全く薄弱である。にもかかわらず, それに対して法律は「厳格」であり, 一般人は「嫌悪と憎悪」をいだいている。「四方八方」から「迫害」がやってくる。とすると, 結局のところ, その刑罰は「嫌悪感」に由来していると言わなければならない。嫌悪感には何の根拠もないが, 嫌悪感の素性についてなら, こうなっているとは言えよう。その行為がとりわけ快楽に結び付いていると, 当初の嫌悪感は「倫理的な嫌悪感」に変化する。そして, 快楽を与える者を悪とみなし, 他人の快楽に対する嫉みと敵意が生まれる。このことは, 宗教によっても強化される。宗教は,「現世の悦楽」を放棄せよとする。宗教は快楽を許すにしても, 快楽そのもののために許すので

はなく，何か別のことのために許すだけである。宗教にあっては，別の目的がない快楽は罪深きものとなる。しかし，「もし快楽が善でないというなら，人生は何のためにあるのか，生きていく目的は何なのか」。

　ところで，嫌悪感の方は，どんなものであれ，根拠のない不当な嫌悪感であれ，嫌悪を感ずる主体にある種の苦痛を引き起こす。そして，嫌悪を感ずる主体は，嫌悪の対象たる人々を罰してその苦痛を見ると「快感を覚える」。とすると，一方で嫌悪の苦痛，他方で刑罰を受ける苦痛と刑罰を眺める快楽を比較して，刑苦を眺める快楽が相当量であるなら，功利の原理からして，嫌悪の対象たる人々を罰することは正当になるのではないのかと思われるかもしれない。ここで，ベンサムはこう書いている。

　「しかしながら，それを罰することに反対する二つの理由が残る。問題になっている嫌悪（と，それから派生する悪意への欲求）は，その罪が本質的に害悪だと認められなければ，偏見に基づいているだけである。したがって，それが誤った根拠に基づいていることを示す考察を明らかにしさえすれば，嫌悪はもはや苦痛ではない範囲にまで緩和され，軽減されるかもしれない。これは，もし功利の原則が，対象を罰することで嫌悪感を満足させる十分な理由として認められるならば，根拠がない嫌悪がたまたま存在するということの例となる。この場合，あるいはどの場合でも，処罰するのに十分な根拠として認められるならば，処罰に際限がなくなってしまうのだ。君主制の原理では，主権者が嫌いな人を処罰することは正しいことになるであろう。人民主義の原理でも，すべての人，あるいは少なくともそれぞれの社会の多数派が同様の理由ですべての人を処罰することは正しいことになってしまうのである。」

快楽と侵犯

ところで、「男色」の処罰に反対する人の中に、かえって処罰はその誘因になるからということで反対する人がいる。これに対して、ベンサムは、着目すべき議論を展開する。

「卑猥な行為を処罰することに反対して、処罰は逆にそういう行為をやってみたいと思わせる手段になると述べた人々もいる。すなわち、罪の取り調べや処罰が公表されることが、それがなければそんなことをしようとは決して思わなかった多数の人々に、そういう行為があることを知らせる手段となっているというのだ。」「これは、実際そういう行為を処罰することに反対して主張されるもののなかでも、最もよく知られた主張である。しかしその主張にはたいした根拠があるようには思えない。」

つまり、ベンサムにとって、一般に「卑猥な行為」は、禁止法を侵害することを動機や快楽とすることによって生ずるのではない。快楽は侵犯と内的関係をもつわけではないのだ。

最後に、ベンサムは、処罰化に反対する理由として持ち出されがちなものを付け加えている。「この罪を処罰することに反対する重大な理由は、処罰の制度によって、悪意のこもった虚偽の告発をする道がひらかれるというものである」。実際、現実にも、それは「ゆすりの手段として利用される」。しかし、ベンサムは、これに対するコメントを残していない。おそらく、この反対論をベンサムは採らなかったであろう。その反対論は、根拠なき不当な嫌悪感そのものに反対していないからである。

ジェレミー・ベンサム（Jeremy Bentham, 1748-1832）

功利主義者・法哲学者として知られるが，ミシェル・フーコー『監獄の誕生』が取り上げた「パノプティコン論」で現代的に復活したと言える。また，この同性愛擁護論，動物愛護論によってもよく知られる。

参考・関連文献
　西尾孝司『ベンサムの幸福論』（晃洋書房，2005 年）
　土屋恵一郎『ベンサムという男　法と欲望のかたち』（青土社，1993 年）
　H・L・A・ハート『権利・功利・自由』（小林公，森村進訳，木鐸社，1987
　　年）

ジャック・ラカン

『精神分析の倫理』（セミネール第7巻）
L'Éthique de la Psychanalyse, 1986

小出浩之，鈴木國文，保科正章，菅原誠一訳，岩波書店，上下巻，2002年

———苦悩と欲望———

ラカンの議論はどこで始まるか

〈うつ（鬱）〉が流行っている。誰でも，周りにうつと診断された知人が何人かいるほどである。あなた自身も，うつと診断されて薬を服用しているかもしれない。こうなってくると，誰もが，濃淡の差はあれ，多少はうつなのだと言いたくなってくる。誰だって相当に塞ぎこむことはある。誰だって生きにくくて生きづらくなることはある。誰だって微かにではあれ死にたくなることはある。ともかく，間違いなく，「うつ」という名で呼ばれてよいような心理的経験や身体的経験はある。別の時代には別の名称で呼ばれていたにしても，近い将来に名称を付け変えられるにしても，確かにその類の経験はある。他にも，流行りの病は多いが，同じことが言える。

さて，患者は苦しむ。濃淡の差はあるが，苦しむ。ありふれた光景だ。そして，患者は，何とかしたいし何とかしてほしいと思う。あるいは，何ともしたくないし何もしてほしくないと思う。これも，ありふれた光景だ。ところが，それは何ごとなのだろうかと問うてみるや，とたんに難しくなる。何を言っても外している感じがぬぐえない。これにしても，ありふれた光景だ。だからということでか

もしれないが，患者もその周りも，通俗的な流行語でお喋りをすることがあって，そこそこ納得し合ったりする。何も言い当ててなんかいないとわかりながら，お互いに納得し合った振りをする。それで表面的に片の付く程度の経験であるかもしれないが，それは何ごとなのだろうかと問うてみるや，とたんに難しくなる。ラカンの議論は，この辺りから始まっている。

善意だけでよいのか

「欲望の自然主義的な解釈」はうまくいかない。あなたは動こうとしない。薬のせいもあるが，どんよりと片隅に転がっている。いつまでそうしていたいのかと問えば，あなたは苦しそうにするから，たぶん否定したいのだろう。じゃあ，どうしたいのかと問えば，ときに答えが返ってくることはある。温泉に行きたい，女と寝たい，電車に乗れるようになりたい，等々。そこで，周りは，その欲望の実現のためにあれこれ手をつくす。ところが，そうはうまくいかない。あなた自身が，さんざん手を尽くしても駄目だったのだから。そこで，あなたも周りも，本当は他にしたいことがあるのではないのかと思い始める。本当はウズラを腹いっぱい食べたいのかもしれない。そこで，あれこれと配慮する。うまくいくこともあれば，うまくいかないこともある。本当はただただ眠りたいのかもしれない。そこで，あれこれと手配するが，これも，うまくいくこともあれば，うまくいかないこともある。ともかく，あなたのために，あなたによかれということで，配慮・見守り・居合わせ・受容・非介入・聴取などが繰り出される。同じことだ。うまくいくこともあれば，うまくいかないこともある。ラカンは，こう語っている。

「我々分析家とはただ単に，依頼人を迎え入れ，彼に避難所を提

供するだけのものでしょうか。苦しみたくない，少なくとも理由も解らずに苦しみたくない，という要求に対して，理解することが患者をその無知から解放するだけでなく苦痛そのものからも解放することを期待して，患者に答えてあげるべきでしょうか。もちろん，それだけでも大したことですが。」

「精神分析の成功が個人的快適さに還元されてしまうことに我慢できるでしょうか。確かに，個人的快適さは，我々が善への奉仕と呼ぶ正当でもっともな機能と結びついてはいます。善への奉仕，つまり，私的な善，家族の善，家庭の善，さらに，我々に要請されるその他の様々な善，職業的な善，専門家としての善，市民社会の一員としての善などへの奉仕です。……今日の社会において我々分析家に具体的な救いを求めてくる人々の状況に対して，我々が少しばかりの調整をもたらしたとしても，彼らの幸福への希求には常に何らかの奇跡，約束，超人的な救い，自由への解放という希求が含まれていることはあまりに明らかです。少々戯画化して言うならそれは，男性にとっては全ての女の所有であり，女性にとっては理想的男性の所有なのです。精神分析において，主体に彼の善そのものを見いだすことができると保証することは，一種の詐欺です。／我々がブルジョワ的夢想の保証人になる理由はまったくありません。人間の条件との直面において我々には，少しばかり多くの厳しさ，毅然さが要求されるのです。……善への奉仕を普遍化し，それを極限にまで推し進めるという現代の世界が巻き込まれている運動は，ある切り捨て，様々な犠牲，つまり欲望との関係における一種のピューリタニズム——これは歴史のある時点で登場したものですが——を含んでいます。善への奉仕を世界的に普遍化したとしても，各個人とその欲望との実際の問題，つまり彼の誕生から死までという短

い時間の問題は決して解決されません。問題となっているのは来るべき世代の幸福ではないのです。」

ラカンは,こうまとめている。「はっきり言えば,我々の善意だけでよいのか,という問いです」と。そして,ラカンは,患者の経験について,こう語っていく。患者は苦しんでいる。では,それは何の苦しみなのか。ラカンによるなら,それは「罪過」「処罰」の経験,総じて「道徳的経験」なのである。学校に行くことは義務である。それは,法的・社会的な義務にとどまらない。学校に行かなければ,父母にうとまれるに決まっている。学校に行きさえすれば,父母は安心するに決まっている。だから,それは,子としての義務だ。その父母にしても,子が学校に行かなくなってはじめて,親の義務を思い知らされる。自分は駄目だ,親として失格だと思い知らされる。子にしても親にしても,それまで思ってもみなかった義務に違反したという罪過に対して処罰を受けているかのように苦しむ。その苦しみは,心理的で社会的な苦しみというよりは,徹頭徹尾,道徳的な苦しみだ。だから,考えるべきは,「道徳的経験の持つ至上命令的で厄介でさらに葛藤をもたらす性格」である。「倫理に関する思考は我々の仕事の中心に位置けられるべきもの」である。

罪意識と欲望

ところで,罪の意識の経験は,それなりに複雑である。会社に行かなければ,罪の意識が生まれる。罪の意識に苛まれて動けなくなる。このとき,罪の意識そのものが快楽と入り混じっていたり,罪の意識に苦しむ己を秘かに喜んだりすることがある。あるいは,本当は,こんな仕方で会社に行かないのではなく,別の仕方で会社に行かなくなるようにすることを欲しているのに,それができないば

かりに罪の意識をいだいていることもある。あるいは，家族さえなければ行かなくて済むからには，家族をなくすることは「最高善」なのだが，それは「禁止された善」でもあるからということで，妥協的な仕方で行っていることに自責の念を感じていることもある。この辺りについて，ラカンは断固としてこう語っている。「罪があると言いうる唯一のことは，少なくとも分析的見地からすると，自らの欲望に関して譲歩したことだ，という命題を私は提出します。……結局，自分に罪があると実際に感じるのは，つねに根源的には自身の欲望に関して譲歩したからです」。自己の欲望を裏切っているからこそ，罪責感をいだく。その限りで，欲望を諦めるな，とラカンは呼びかける。では，健全で善意にあふれる市民たちに関してはどうであろうか。

「善について云々しているあいだは，問題はありません。我々の善も他者のそれも同じ生地でできています。聖マルタンは自分のマントを乞食に分け与え，人々はそれを賞賛しました。しかし結局，これは施しという単純な問題です。織物は本性上流通されるために作られています。織物は私にも他者にも属しているものです。ここで我々が触れているのは，原始的要素，満足させるべき欲求と思われるかもしれません。というのは乞食は裸だからです。しかしおそらく，乞食は着物を着るという欲求を越えて，別のものを乞うているのです。それは，聖マルタンが自分を殺すか，あるいは自分と性交することです。ある出会いにおける応答，善行という応答ではなく，愛の応答が何を意味するかはまったく別の問題です。」

市民たちは患者にマントを与えるだけである。心のマントであれ身体のマントであれ，分配可能で流通可能なものを与えるだけである。ところが，患者の方は，それ以上の，それ以外の「もの」を求

めている。市民たちは、それを前にすると引いてしまう。引いて当然であるし、おそらく引くべきである。しかし、「隣人愛」は、そんな仕方で「残酷」であるというそのことに変わりはない。だから、「我々」としては、禁止され接近不可能な「最高善」の「享楽」をうまく「組織化」することが、それこそが「精神分析の戦略」であると考えなければならない。

「分析家に要求されるもの、〈至高善〉、これを分析家はもちろん持っていませんが、それだけでなくこの〈至高善〉はないことを分析家は知っているのです。ある分析を終結に至らしめたということ、それは、欲望のすべての問題系が提起されるリミットに出会ったということに他なりません。／この問題系こそが自己のなんらかの実現への接近にとって中心であること、これが精神分析の新しさです。」

そして、再び、欲望を諦めるな、と呼びかけられる。

ジャック・ラカン（Jacques-Marie-Émile Lacan, 1901-1981）

　フランスの精神科医、精神分析家。1953年からサンタンヌ病院で（『セミネール』ⅠからⅩ）、1964年から高等師範学校で（『セミネール』ⅪからⅩⅥ）、1969年からパリ大学法学部で（『セミネール』ⅩからⅩⅥ）講義を開催し、フランス知識人に大きな影響を与える。

参考・関連文献
　アレンカ・ジュパンチッチ『リアルの倫理　カントとラカン』（冨樫剛訳、河出書房新社、2003年）
　ジョアン・コプチェク『わたしの欲望を読みなさい　ラカン理論によるフーコー批判』（梶理和子ほか訳、青土社、1998年）

ジル・ドゥルーズ，フェリックス・ガタリ

『アンチ・オイディプス　資本主義と分裂症』
L'Anti-Oedipe: Capitalism et schizophrénie, 1972

宇野邦一訳，河出文庫，上下巻，2006 年

——欲望——

器官なき身体と欲望する機械

　フーコーは言った。『アンチ・オイディプス』は倫理の書である，と。その通りなのである。『アンチ・オイディプス』が立てる問いは，「生きるとはどんなことなのか」「私は誰であるのか，何であるのか，そしてなぜ生きているのか」という問いである。また，例えば，「〈口-空気〉機械あるいは味覚機械」の次元において，「生きるとは何か，呼吸するとは何か，私とは何か，私の器官なき身体の上にあって呼吸する機械とは何か」という問題である。

　こうした問いや問題を立てるのは，とりわけ「子ども」である。「子どもは形而上学的存在なのだ」。子どもは，わけもわからずこの世に生み落とされる。子どもは，どうしてこんな世界に生み出されることになったのかわけがわからない。ただただ運命のごとく呼吸を始めて何ものかを呑み下しては，漠然とした快や不快を感じるだけだ。自他の区別もクッキリとはついていない。自分の身体もそれとして識別されていない。背と腹の区別も，手と足の区別も，口腔と肛門の区別もついてはいない。生死も定かではないまま，子どもは存在しているだけだ。その生まれ立ての身体が，「器官なき身体」

である。

　こんな子どもも，やがてこの世界に適応していく。そして社会化していく。生死の区別を弁え，自他の区別を弁え，五臓六腑の区別を弁えるようになる。この適応と社会化の過程において，「器官なき身体」に「有機体を与える」のが，「欲望機械」である。欲望機械は，器官なき身体に区別や識別や分別を持ち込んでそれを組織化して形態を与える。そうして，やがて子どもは，「無意識」のうちに，一連の人生上の問いと問題に対して答えと解答を与えるようになる。この「無意識のもろもろの生産」を発見したのが，かの精神分析である。子どもは無意識に生産する。空気を吸い込んではこれを加工して呼気を生産する。尿を生産し糞を生産する。運動を生産して快楽や苦痛を生産する。別の身体や物体と交流して喜びや憎しみを生産する。呼吸するとはそのようなことであり，生きるとはそのようなことであり，子どもの私とはそのようなものである。このようにして生きて死んでいくという「プロセス」そのものが，そのままで答えと解答になっている。その意味で，子どもは「自然人 Homo natura」であり，子どもは「類的生命」を生きている。

　しかし，この世界で，子どもは「歪め」られてしまう。本源的な自然・生命・欲望・快苦は「歪め」られてしまう。適応と社会化は大半が家族化でもあるが，それによって，生物としての自然な発生＝発達のプロセスは，社会人・大人になることへと歪められてしまう。そのことを通して，無意識な欲望生産は観念化して幻想化する。家族主義・オイディプス主義の父・母・子の三角形は，「欲望の生産としてのあらゆる性愛を窒息させ，新しい様式において性愛を「汚らしいささやかな秘密」に，家庭の小さな秘密に作りかえ，〈自然〉と〈生産〉という目覚ましい工場のかわりに，内密な劇場を作

ってしまう」。

自然に還れ

　では，ドゥルーズ／ガタリは，この歪みを正して，本源的自然に還ることを呼びかけているのだろうか。ドゥルーズ／ガタリは，家族・市民社会・国家の劇場を解体し，幻想やイデオロギーを引きはがして，むき出しの欲望や快楽を露出させることを呼びかけているのだろうか。その通りである，と留保抜きに認めるべきだ。真っ直ぐに，自然に還れ，歴史や社会によって歪められることのない自然本性を取り戻せ，と言えない方がどうかしているのだ。もちろんドゥルーズ／ガタリの議論にしても，かくも単純素朴なものではないし，多くの捻りや襞(ひだ)が含まれているわけだが，そこをあれこれと詮索することに終始して，そこに賭けられていることを見逃してはならない。ドゥルーズ／ガタリは，精神の病人と身体の病人のことも考えているからだ。

　大人の病人のことを考えてみよう。子ども期を過ぎてこの世界に適応し終えたはずなのに，大人の病人は，自らの身体においても，この世界においても，齟齬を経験する。精神の調子，身体の調子，そして世界の調子が狂っているのだ。雑木林を散歩するときにはあんなに清々しいのに，どうして家に帰ると鬱陶しくなるのか。ガード下の雑踏はあれほど気持ちが良いのに，どうして交差点の雑踏では身が固まってしまうのか。女装するときにはかくも楽しいのに，どうして制服を着るや下らぬ幻想にとらわれてしまうのか。いままで安々と呼吸してきたのに，一体この気管支筋はどうしてしまったのか。それにしても，この情報化社会にあって，呼吸機械のローテクぶりはどうしたことなのか。自由に使用するならある種のドラッ

グはさしたる副作用もなく快楽を経験させてくれるのに，どうして医薬品に限っては，当座の苦悩を鎮めながらも別の姿で別の時に苦悩を噴出させてしまうのか。

　このように，病人においては，欲望機械と器官なき身体が「対立」している。病人は，その対立のせいで苦しくなるから「和解」を求める。ところが，病人が経験している生のプロセスは，病名を賦与され病状として固定化され，そのようなものとして扱われ，病人自らもそのようなものであると思いなし，まさしく病人としてのライフコースに縛り付けられて治療されて，同情されたり嫌悪されたりする。そうして死んでゆく。だからこそ，精神の病人と身体の病人の解放という問題は，反精神医学や医療批判についての歴史的で事後的な評価がどうなろうと，「依然として重要であり続けているのだ」。

　これは病人だけにかかわることではない。健康人も大なり小なり経験していることである。要するに，人間は生まれてから死ぬまで，適応過程で歪められては喜んだり苦しんだりしていく形而上学的存在なのである。実際，それぞれの仕方で，「生きるとはどんなことなのか」「私は誰であるのか，何であるのか，そしてなぜ生きているのか」「生きるとは何か，呼吸するとは何か，私とは何か，私の器官なき身体の上にあって呼吸する機械とは何か」と自ら問わない人がいるだろうか。人間は，いつも，いつかは，子どものように，人生上の一連の問いや問題を立てざるをえない存在なのである。人間は，自分が思っている以上に倫理的なのだ。では，ドゥルーズ／ガタリは，どう答えるのだろうか。歪みそのものから新しい生命を創造することを呼びかけるのである。これが，新しい自然への還り方だ。

大方の欲望機械は、器官なき身体に対してノーマルな有機体を与えようとする。種々の欲望機械、例えば、テレビ機械、パソコン機械、呼吸機械、交通機械、学校機械、役所機械、専門家機械は相互に接続しながら、ノーマルな有機体への発生＝発達を促そうとする。それは必ず成功するが、同時に必ず失敗する。必ず不適応を起こしてギクシャクする。大方の欲望機械は粗雑すぎて、精妙なる器官なき身体に対してしなやかに対応できないからである。まさにその次元において、人間は、「欲望機械と器官なき身体との間の新しい縁組」によって「新しい人類を、あるいは輝かしい有機体の誕生」を求めることになる。この欲望こそが、そのままで一連の問いと問題に対する答えと解答なのである。要するに、人生の目的は、欲望機械と器官なき身体の新たな接合を組織して、新しい精神と身体の人生を欲望して実現することであるというのだ。

欲望は革命的である

　ドゥルーズ／ガタリは、その「ほんとうの和解」を実現する「新しい機械」のことを「独身機械」と呼称している。それは、人間であれ機械であれ、家族・市民社会・国家から弧絶し家族の類似性を脱するような単独で特異なものたちが集団的に形成する機械のことである。これらが新たな欲望機械となって、器官なき身体に新たな有機体を与えることを真の和解として欲望すること、その欲望を絶対に放棄しないで擁護すること、それこそが、「愛する力、与え生産する徳、機械として働く徳」、要するに、人生の究極目的であり最高善であり幸福なのである。それは、ただ生物的で自然的な徳＝力であるだけではない。同時に、政治経済的で社会的な徳＝力でもある。

「銀行取引や株式取引，有価証券，配当券，信用状といったものが，銀行家でない人々をさえ勃起させる」。だから，「経済的なもの」も独身機械になりうるのだ。例えば，銀行機械をして新たな欲望機械に転じて銀行員や負債者に対して新たな有機体を贈与すること。例えば，銀行をこよなく愛してそれにとりつかれること，あるいは，銀行を愛するあまりに銀行を欺こうとすること，あるいは，銀行を憎むあまりに銀行を作り変えてやること，あるいは，自らの負債の余りの大きさのゆえに負債を擁護してしまうこと，等々。肝心なのは，実験してみることである。実験の指針は簡単だ。苦しみや憎しみを避けて，喜びや愛にだけ導かれること，要するに楽しいことだけをやること，そんな機械と身体になること。この意味において，「欲望はその本質において革命的なのである」。

　「資本主義社会は利益の表明にはいくらでも耐えられるが，欲望の表明にはまったく耐えられない。……欲望の表明は，幼稚園の次元においてさえも，資本主義社会の基礎構造を爆破するに足るものであろう。」

ジル・ドゥルーズ（Gilles Deleuze, 1925-1995）
フェリックス・ガタリ（Félix Guattari, 1930-1992）
　フランスの二人組の思想家。共著には他に，『カフカ　マイナー文学のために』『政治と精神分析』『千のプラトー』『哲学とは何か』がある。

参考・関連文献
　小泉義之・鈴木泉・檜垣立哉編『ドゥルーズ／ガタリの現在』（平凡社，2008年）
　澤野雅樹『死と自由　フーコー，ドゥルーズ，そしてバロウズ』（青土社，2000年）

リュス・イリガライ

『ひとつではない女の性』
Ce sexe qui n'en est pas un, 1977

棚沢直子,小野ゆり子,中嶋公子訳,勁草書房,1987年

―――女の快楽―――

男性中心主義批判

　イリガライは,性そのものにおいて,男性中心主義が支配的であることを断固として批判する。「女のセクシュアリティは,常に男を基準として考えられてきた」。そして,「《女性的なもの》は,常に,価値を独占する唯一の性である男性の性の欠落,萎縮,裏面として描写されている」。

　例えば,フロイトは,「女の子の母に対する欲望を「男性的」「男根的」欲望と見なしている」。とんでもない言い草だ。フロイトは,「女性の性発達を規制する社会‐経済的文化的決定因の分析を怠っている」。何も見えていないのだ。総じてフロイトは,「性的差異」を無視している。女性を男性の何ものかが欠如した性としか見ないから,女と男の間に存する差異そのものが見えていないのだ。総じてフロイトは,無意識と性的差異の関係についても何も分析していない。無意識の現われを男性的なものとしか見ないから,女における無意識を垣間見るやたじろいでしまうのだ。フロイトの無視と無知に抗して,女と男の間には決定的な差異があることを見なければならない。感じなければならない。

例えば,「自体愛」の違いだ。「女の自体愛は男の自体愛とはきわめて異なっている。男は自己に触れるのに手や女性性器や言語などの道具を必要とする。そして、その自己愛は最小限の行為を要請する」。要するに、男の自慰行為には、いつだって男自身に疎遠で外的なものが介在している。イリガライによるなら、女は違う。「女の方は、媒介を必要とせず、また、能動と受動とのあらゆる可能な区別以前に、自己により、自己の中で、自己と触れあう。女は絶えず《自己と触れあって》おり、しかも、それを禁じることはできない。というのも、女性性器は絶え間なく口づけしあうふたつの唇でできているからである。だから、ひとりの女において、女はすでにふたり、しかし、ひとりずつに分離できない、愛しあうふたりなのである」。だから、二人の女は、愛しあうとき、一人の女でさえあるのだ。一つではない女の性。ところが、女は男との関係の中で、「この《自己愛》から、偏向させられ、逸脱させられてしまう」。性的にも社会的にも逸らされてしまう。女（たち）が自ら一つになったり二つになったりして愛し愛し合う関係は、抑圧されて抑止されてしまう。

　例えば、「欲望」の違いだ。「女の欲望は、男の欲望と同じ言語を話さないだろう」。欲望とは、共有不可能で分有不可能な稀少な何ものかに対する他者の欲望を自ら模倣することを通して、その稀少な何かの所有と享受のために他との競争へと駆り立てるものだ、と語られる。欲望はかくも経済的な言語で語られるのだが、それは男の語り方でしかないのだ。女の欲望は、そのようなものではない。いや、そのようなものでは「ない」と語るだけでは、いまだに女を男の欠如として語ってしまうことになる。だから、女の欲望をそれとして語ることのできる文体を発明しなければならない。

例えば、「快楽」の違いだ。男の快楽は一つの、たった一つの性器を中心にして語られる。ところが、「女はあちこちに性器を持つ。女はあちこちを快楽する。肉体全体のヒステリー化を語るまでもなく、女の快感の地理は、想像されるより、はるかに多様で、たがいに異なり、複雑で、微妙である」。にもかかわらず、ここでも、女は男との関係の中で、性的にも社会的にも、女の欲望と快楽から逸らされてしまう。

相変わらずの同じ状況を打破する

この状況を変えるのは容易ではない。フロイト一人を批判して片が付くものではない。フロイトのような人物を生み出す何ものかが社会に蔓延していて、それが女をして偏向させ逸脱させているからである。だから、女が一人だけで自体愛や欲望を解放することはありうるにしても、それだけでは足りない。女が一人だけで、あるいは二人だけで、あるいはn人で女だけの快楽を経験しうるにしても、それだけでは足りない。というのも、「異性愛的快楽を断つこと」は、「自ら好んでする新しい拘禁、新しい隔離」になりかねないからだ。分離主義は、「交換市場での女のプロレタリア化から脱出する不可欠な段階」であって絶対的に正しいのだが、それだけでは、「歴史は、結局は、また同じものに、つまり男根支配主義に回帰することになろう。女の性も、女の想像界も、女の言語も、そこに実践の場（正当な理由）を（再）発見することはないだろう」。来たるべき女たちが、またぞろ同じ不毛な経験を繰り返すだけになるだろう。しかも、女について、男の言語でもって語りながら。

「わたしたちが、同じ言葉を話しつづけたら、また同じ歴史を繰り返してしまう。また同じもろもろの歴史を始めてしまう。あなた

はそう感じない？　ねえ，聞いて。わたしたちのまわりじゃ，男たちと女たちは，よく似てるみたい。同じ議論，同じ言い争い，同じ悲劇。同じ愛着に，同じ仲違い。たがいに結ばれることは，同じように難しくて，不可能で。同じ……同じ……いつだって同じこと。」

　だから，実践の水準は別として，理論の水準においては，「女にのしかかるさまざまな抑圧体系の分析という長い回り道」が必要になる。その抑圧体系の代表が精神分析と資本主義である。

　イリガライは，論稿「精神分析理論再考」において，こう進めている。フロイトは女のことを何もわかっていない。女の性のことを精神分析における「暗黒大陸」と呼んで放り投げている。その点で，フロイトを修正しようとするのが，カレン・ホーナイ，メラニー・クライン，アーネスト・ジョーンズである。遅れて，ジャック・ラカンである。しかし，依然として女のことは解かれていない。そこで，精神分析の系譜が描き出すような女なるものに対して，言いかえるなら，現代社会に流布する女性像に対して，一連の問いを発しておくことが有益であろう。列挙しよう。

　「なぜ，クリトリスの快楽，膣の快楽の二者択一が，これほど問題になったのか。」

　「なぜ，女性のリビドー構造化は，大部分，思春期以前に決定されているのだろうか。それも，フロイトとその弟子たちの多くにとって，「女性固有の器官である膣はいまだ発見されていない」のにである。しかも，政治的・経済的・文化的に評価される女性の諸性質は，母性と母性的行動とに結びつけられるのにである。」

　「なぜ，女性においては，母性機能が，よりエロスに特有な機能に優先しなければならないのか。」

　「なぜ，女性の性発達は，男のそれよりつらく，複雑でなければ

ならないのか。そして、この発達には、女性がいわば夫の母になる以外のどんな終わりがあるのか。……なぜ女性は自分の母から離れ——母を「憎み」——、家を放棄し、家族を捨て、母と父の名を手放して、男性の家系的欲望に参入しなければならないのか。」

「なぜ女性の同性愛はいまだ変わらず男性の同性愛にそって解釈されるのか。」

「なぜ能動的／受動的という対立が、女性のセクシュアリティに関する論争のなかで、こうも強調されつづけるのか。」

「なぜ、女性はこんなにも昇華能力がないのか。こんなにも父の超自我審級に依存しつづけるのか。」

エクリチュール・フェミニン, サイエンス・ウォーズ

これら一連の問いはいまも解かれてはいない。精確に言い直すと、これら一連の問いが、形を変えて学界や世間で発せられ続けていること自体が、女を抑圧し続けている。また、これら一連の問いに対してある種の答えが出されてしまっており、まさにそのことが女を抑圧し続けている。だから、精神分析的に定式化された上の一連の問いについて、批判的に問い直して答え直すことは、いまでも依然として重要な課題である。

そして、イリガライは、論稿「女の市場」「商品たちの間の商品」においては、交換物化・商品化されている女たちが「話すことができるなら」「語る主体になるなら」、そのときにこそ、新たな『経済学批判』を練り上げて「象徴機能や社会」に変化をもたらすことができると展望する。女の交換物化や女の商品化を否定すべく、女が個別的に交換物や商品の地位を脱することはすぐに実践できる。その実例はある。とはいえ、ここでも分離主義に対するのと同じ注意

が必要なのだ。他方で，同時に，交換物や商品である限りにおいての女の語り，その「攪乱的な過剰」を「女性的なものの文体・エクリチュール」として語るという回り道も辿らなければならないのだ。双方が相俟ってはじめて，「象徴機能や社会」は変化するだろう。

　イリガライは，論稿「流体《力学》」「わたしたちの唇が語りあうとき」において，そんなエクリチュールに挑んでいる。その後，かのサイエンス・ウォーズにおいて，イリガライのエクリチュールは，自然科学理論をわけもわからず使ってみせるポストモダンの最悪の一例として嘲笑され論難されることになる。そのことは，かえって，イリガライのエクリチュールこそが，確かに「男根主義的」学界を射抜いて攪乱したことを証している。

リュス・イリガライ（Luce Irigaray, 1932- ）

　ベルギー生まれ。ジュリア・クリステヴァ，エレーヌ・シクスーとともにフランスの第二期フェミニズムを代表する人として知られる。ラカンの下で学ぶ。精神分析を批判しながら，女のセクシュアリティを理論的にも文体的にも切り開こうとしている。また，カトリック神学にも切り込んでいる。

参考・関連文献
　L・イリガライ『性的差異のエチカ』（浜名優美訳，産業図書，1986 年）
　L・イリガライ『差異の文化のために　わたし，あなた，わたしたち』（浜名優美訳，法政大学出版局，1993 年）
　アラン・ソーカル，ジャン・ブリクモン『「知」の欺瞞　ポストモダン思想における科学の濫用』（田崎清明ほか訳，岩波書店，2000 年）
　棚沢直子編『女たちのフランス思想』（勁草書房，1998 年）
　掛札悠子『「レズビアン」である，ということ』（河出書房新社，1992 年）

ジュディス・バトラー

『欲望の主体　20世紀フランスにおけるヘーゲル的反省』
Subjects of Desire: Hegelian Reflections in Twentieth-Century France, 1987

邦訳なし

――欲望の主体――

　この *Subjects of Desire*（『欲望の主体』）は，バトラーが，1984年の学位論文に修正を加えて1987年に刊行したものである。全体は四章からなっている。

　第1章「ヘーゲルにおける欲望・修辞・承認」では，ヘーゲル『精神現象学』の欲望の概念と欲望と承認の関係が手堅くまとめられている。有名な〈主人と奴隷〉についても，相互承認と相互反転として読解するそれまでの諸解釈に対して，欲望と身体の次元が付け加えられてまとめられている。第2章「歴史的展望」は，20世紀前半のフランスにヘーゲルが受容された過程の哲学史的・思想史的研究である。取り上げられるのは，コジェーヴとイポリットであるが，手堅くまとめられている。第3章「サルトル：存在の想像的追及」では，サルトル哲学の基本が，とくにそのジュネ論やフロベール論が，実はフランスによって受容されたヘーゲル哲学の枠内にあると論じられる。ここも手堅いまとめになっている。

　この第3章までが，当初の学位論文にあたるが，バトラーらしさが出てくるのは，学位取得後の1985年から86年にかけて新たに書き加えられた第4章である。その目次を記しておく。

第4章　欲望の生死を賭けた闘争：ヘーゲルとフランス理論
　　1　怪しげな父系制：デリダとフーコーにおける（ポスト）
　　　　ヘーゲル的なテーマ
　　2　ラカン：欲望の不透明性
　　3　ドゥルーズ：奴隷道徳から生産的欲望へ
　　4　フーコー：艫綱(ともづな)を解かれた弁証法
　　5　ヘーゲル：「克服」についての最終考察

　一見してわかるように，20世紀後半の現代フランス思想のスターたちを欲望論の観点から読み抜きながら，バトラーは，それら新しく見えるスターたちにしても，20世紀前半のフランスでのヘーゲル受容によって制約されていて，実のところはヘーゲル哲学の掌の上で踊っていると主張していく。しかし，だから駄目だと言うのではない。ヘーゲル哲学の掌の上で正しく踊る方向こそが擁護されるべきであると主張していくのである。この観点からバトラーが贔屓にするのが，フーコーである。また，この第4章は，その後の英語圏における現代フランス思想の共通理解を作り出した点でも重要である。そこを回顧的に辿っておこう。

デリダとフーコーの反ヘーゲル主義

　コジェーヴとイポリットに続く第二世代は，ニーチェ，フロイト，マルクスの名を持ち出しては，ヘーゲル哲学に反抗する。これを代表するのが，デリダとフーコーである。

　デリダは，その言語哲学において，言語記号の指示性，シニフィアンとシニフィエの一対一対応を解体する。哲学で自明視されてきた主体とは，指示記号を使用して超越的シニフィエを知る知の主体であり，種々の指示記号と各種のシニフィエに統一性をもたらす主

体であるが、これも解体される。ヘーゲル的主体とは、言語記号が指示するところの超越的で外的なものを内化して内的なものに転じながら発展していく主体であるが、これも解体される。フーコーは、歴史概念を解体する。歴史は単線的に進歩・進化するのではない。歴史は、現実の多様で異質な諸力が織りなす出来事を単線化して秩序化した結果として現われるだけである。それにとどまらず、歴史は、ある出来事を起源として指定しながら、起源たる偶発的な別の出来事を隠蔽し、その上で現在に至る秩序を捏造する。これがニーチェの洞察であった。こうして、ヘーゲル的歴史弁証法も史的唯物論も解体される。歴史の目的に向かって進歩に貢献する歴史的主体も解体される。

　このようにデリダもフーコーも陰に陽に、ヘーゲル哲学の基本概念を批判して解体することを己の姿勢としていた。その姿勢は、現代フランス思想家全般に共有されていた。しかし、本当だろうかとバトラーは問う。そこで着目されるのが、現代フランス思想における欲望概念である。

ラカンとドゥルーズに対する批判

　ラカンにおいて、欲望は、意識が必ずや隠蔽せざるをえないものである。むしろ（道徳）意識が破綻して苦悩するそのときに垣間見られるものである。また、欲望とは、意識が誕生したその起源へ回帰する願望であり、それゆえに、そのまま復元されるなら主体そのものを解体しかねないものである。欲望は、主体の個体化以前の享楽についての情動的な記憶なのだ。だからこそ、欲望は、もろもろの欲求と快楽を生起し起動しながらも決して満たされることがない。欲望は、必ずやその禁止と対になって現われてくる。むしろ、始原

の享楽の禁止そのものが欲望を構成するのであり，その最終的満足を妨げながら人間をその限界へ向けて駆動する。例えば，愛の欲望にしても，愛し合う者同士の相互承認によって満たされることはない。欲望は，生物的な自然的な愛と相互承認の社会的な愛との間に，両者の裂け目に位置する。したがって，欲望の満足も発見も不可能である。欲望は絶えず誤認される。自己欺瞞や相互欺瞞を避けられない。欲望を自然本能化することも社会化することもできない。

　ところが，ラカンは，このパラドックス的な欲望の主体を，オイディプス化の理論によって叙述するのである。ラカンにあっては，パラドックス的な主体は，通例の解釈ではヘーゲル的主体ではないとしても，ヘーゲル的で否定的な「男性主体」ではあるのだ。だから，ラカンは，「女性の欲望」も女性の主体もそれとして理論化することができなくなっている。加えて，そもそも，欲望の始原に位置するとされる享楽は，ヘーゲル的「絶対者」のごときものであって，それは，予め禁じられて失われたものという幻想でしかない。このように，「欲望と性差についてのラカンによる精神分析的な説明を拒絶すべき理由は沢山あるのだ」。

　ドゥルーズとフーコーは，主体の解体は受け入れる。しかし，欲望の否定性も，欲望の主体のパラドックス的な否定性も，文化的な病であるにすぎないと見なす。そこで問題はこうなる。欲望を否定性から引き離せるのか。仮に欲望を肯定的に捉える理論があるとして，その欲望の主体はヘーゲル的主体と別のものになりうるのか。

　ドゥルーズによるなら，そもそも肯定的で生産的な欲望が，否定的欠如になってしまうのは，社会的歴史的諸条件の中において，欲望に欠如が負荷されて組織されるからである。欲望は，精神分析における一次抑圧と資本主義における稀少性によって，欠如を穿たれ

て欲求へと変質させられる。こうして、ドゥルーズにあっては、欲望が「規範的理念」の位置に据えられる。言いかえるなら、ドゥルーズは、「力への意志は享楽にアクセスすると主張する」ことになる。欲望の解放が、理念的目的になるのである。しかし、そんなことでは、自然本性に還れ、欲望の歪みを正して本来の起源に立ち帰れ、と言っているようなものである。自然的で肯定的で生産的な欲望なるものは、物象化の産物でしかないし形而上学的思弁でしかないのだ。とするなら、ドゥルーズの欲望論は、ヘーゲル『精神現象学』の一階梯をなすものでしかない。これに対して、欲望の分析はあくまで歴史的・文化的観点から行なわれるべきであって、それを行なうのが、他ならぬフーコーである。

　欲望を法の禁止や抑圧や歪みから切り離すことなど不可能である。欲望を一切の法から解放するというプロジェクトは夢想でしかない。肝心なことは、「文化の内部で、法そのものを転倒させ増殖する」こと、徹底的に「文化的プログラム」を遂行することである。同時に、ラカンにもドゥルーズにも残っていた文化の「彼方」への形而上学的残滓を一掃すること、「絶対者」に内在的な享楽的経験を想定する神秘的な思弁を一掃することである。そもそも欲望は、法によっていわば弁証法的に創造される。法は言説実践によってコード化されるから、医学・精神医学・犯罪学といった言説実践が、欲望を禁止・抑圧しながら欲望を生産する。とするなら、「真なる」欲望などありえぬし、欲望の解放という展望もありえない。法と言説実践の内部で転倒や増殖を目指す展望しかありえないのだ。

ヘーゲルの掌の上でフーコーのように正しく踊る

　結局のところ、ラカンもドゥルーズも、欲望の法的モデルに囚わ

れている。そこでは，二つの道しか開かれない。一つは，欲望は常に既に法によって欠如を穿たれているとの諦観，もう一つは，欲望を法の彼岸で解放するとの約束である。しかし，フーコーは別の道を開く。告白の欲望は，明らかに法によって生産され禁止され抑圧されている。ところが，告白の実践は，思いもかけぬ仕方で快楽をもたらすことがある。法そのものが快楽の源泉になることがある。また，欲望の欠如や欲望の不充足そのものが，かえって快楽を生み出すことがある。この倒錯的な展望は，生命力を増進することでも，生と死をめぐって闘争することでもなく，ある生き方，ある生存の技法を探究しながら実践することである。この倒錯的で転倒的な技法はヘーゲル的な主人と奴隷の闘争をエロス化する技法でもあるが，実はそれこそが，ヘーゲル的な欲望の主体の技法なのである。現代フランス思想において問われることは，ヘーゲルの掌から脱することではなく，ヘーゲルの掌の上でうまく踊ることなのだ。

ジュディス・バトラー（Judith Butler, 1956- ）

　ヘーゲル哲学研究から出発し，フェミニズム理論，クィア理論で大きな影響を与え続けている。また，ラカン理論の批判的で転倒的な読解は，その成否は別としてスリリングなものである。政治的発言も積極的に行なっている。著作のほとんどは邦訳されている。

参考・関連文献
　J・バトラー『ジェンダー・トラブル』（竹村和子訳，青土社，1999年）
　村山敏勝『（見えない）欲望へ向けて』（人文書院，2005年）
　サラ・サリー『ジュディス・バトラー』（竹村和子訳，青土社，2005年）

第4部

資本主義の精神，市民の道徳

　倫理が善悪や正邪にかかわることであるとするなら，当然にも倫理は，政治・経済・社会の善悪や正邪にもかかわることになる。

　人文学や社会科学はその研究対象に対して価値中立的にかかわっているかのように見えるが，そんなことはまったくないのであって，そこには，暗黙の価値規範や価値判断が働いている。だから，政治・経済・社会について倫理的に考えようとするなら，既存の人文学や社会科学に対する批判的検討を抜きにすることはできない。

　第4部では，現在の政治・経済・社会において暗黙のうちに自明視されている価値規範や価値判断のことを，資本主義の精神，市民の道徳と捉えた上で，それら対して批判的検討を加えている文献を選定した。

カール・マルクス

『経済学・哲学草稿』
Ökonomisch-philosophische Manuskripte, 1844

城塚登,田中吉六訳,岩波文庫,1964年

——労働の窮乏——

貧しく惨めな労働

若きマルクスが,労働について何を思考し何を批判し何を展望していたのかをあらためて考えてみよう。

人々は言う。国民経済が成長するなら,国民はより豊かになるだろう,と。人々は言う。国民経済が成長しようがしまいが,労働の生産物たる富が平等に分配されるなら労働者はより豊かになるだろう,と。人々は言う。国民経済はすでにそれなりに成長したのだから,最低限の生活水準まで引き上げて,適当な労働政策を実施するなら万人がより豊かになるだろう,と。マルクスは,こんな物言いはすべて間違っていると批判する。「労働者は,資本家が儲けるさいには,必然的に儲けるとは限らないが,しかし資本家が損をするさいには,必然的に損をする」。しかも,「儲ける」場合にしても,褒めた話ではないのだ。

「労賃の上昇は労働者たちのあいだに過重労働をひきおこす。……彼らはそこで自分の生涯を短縮するのだ。労働者の寿命がこのように短縮されることは,労働者階級全体にとっては有利な状態である。というのは,このことによって,つねに新たな供給が必要と

なるからである。この階級は、完全に滅亡してしまわないためには、彼ら自身の一部分をつねに犠牲にしなければならないのだ。」「したがって、労働者にとってもっとも有利な社会状態のなかでさえ、労働者にとっての必然的な結果は、過重労働と早死、機械への転落、労働者に敵対して物騒に集積される資本への隷属、新しい競争、労働者の一部の餓死または乞食化である。」

　マルクスは、近代社会においては、経済状態がどうであろうと、労賃がどうであろうと、労働者は必ず「窮乏化」すると主張する。この窮乏化とは、労賃が絶対的あるいは相対的に低水準に抑えられるということだけを意味しているのではない。労働者は必ず絶対的貧困や相対的貧困に陥るわけだが、そのことだけを告発しているのではない。マルクスの告発は、国民経済学が代表する近代精神と、近代における労働そのものに対して向けられている。

　国民経済学は「労働の全生産物は労働者に属する」と一応は認める。修正を加えて別の生産要因を論(あげつら)うにしても、「労働の全生産物」が労働者に帰属するようになってはいないことは暗に認める。そこで国民経済学は、一方では「生産物」に代えて別の諸カテゴリーを持ち出して経済を記述し直して、労働者はその労働生産性の程度に精確に応じて受け取っていると弁証する。他方では各種の平等主義や分配的正義を統制的理念としてだけ掲げて、労賃の上昇も制度的には許容されていると請け合ってみせる。ところが、「窮乏」は一向に解消しそうにない。これはどうしたことなのか。

　労働は、非経済的な意味においてこそ貧困なのである。近代の労働は、本質的に貧しくて惨めなのだ。「労働そのものは、現在の諸条件のもとでのみならず、一般に労働の目的が富のたんなる増加にあるかぎりでは、私はあえていうが、労働そのものは有害であり、

破滅的である」。この厳然たる経験的事実は，国民経済学にも関係している。

「国民経済学は，労働者をただ労働動物としてしか，まさに文字通りの肉体的諸欲求に還元される一頭の家畜としてしか認めない。」「国民経済学は，労働者（労働）と生産とのあいだの直接的関係を考察しないことによって，労働の本質における疎外を隠蔽している。たしかに，労働は富者のためには驚異的な作品を生産する。だが労働は労働者には赤貧をつくりだす。それは宮殿を造営する，しかし労働者には穴ぐらをつくりだす。それは美を生産する，しかし労働者には障害をつくりだす。それは労働を機械に代えるが，しかしそれは，労働者の一部を野蛮な労働に逆戻りさせ，そして他の一部を機械とならせる。それは知能を生産するが，しかし労働者には低能を，クレチン病をつくりだす。」

労働しない人間，労働できない人間

では，国民経済学は，労働しない人間をどう処遇するか。「国民経済学は労働者を，その労働していないときに，つまり人間として観察しないで，こうした観察は，刑事裁判に，医者に，宗教に，統計表に，政治に，乞食取締り巡査にまかせるのだ」。「それゆえ国民経済学は，就業していない労働者，この労働関係の外部にいる限りでの労働人間を認めない。泥棒，詐欺師，乞食，失業者，飢えている労働人間，窮乏した犯罪的な労働人間，これらは国民経済学にとっては実存せず，ただ他の目にたいしてだけ，すなわち医者，裁判官，墓堀人，乞食狩り巡査などの目にたいしてだけ実存する者どもであり，国民経済学の領域外にいる亡霊たちである」。

もちろん，国民経済学は，おのれは価値自由な科学であるからと

いうことで，労働していない人間を亡霊扱いすることについて自己弁護するだろう。と同時に，国民経済学は，その亡霊を取り扱う刑事裁判・医者・宗教・統計表・政治・墓堀人・乞食取締り巡査に対して，総じて専門家全体に対して，政治的で道徳的な政策提言をするように努めるだろう。経済と道徳の統合というわけだ。だが，人間を労働動物・家畜として処遇する国民経済学そのものに内在する道徳が問題なのだ。「国民経済学の道徳的な理想は，自分の給料の一部を貯蓄銀行へおさめる労働者である。……それゆえ国民経済学は――その世俗的で快楽的な外観にもかかわらず――真に道徳的な科学であり，なによりましてもっとも道徳的な科学なのである」。つまり，「貯蓄」に象徴される経済的装置を介して，労働者の生の全体を道徳的に取り仕切ろうとする。そして，このような国民経済学と道徳の錯綜した連携が，人間の「疎外」を生みだすのである。

「君は持ちものであるすべてを売れるように，つまり有用化するようにしなければならない。私が国民経済学者にこう問うとする，私が他人の快楽のために自分の身体を汚し売物にして貨幣をえるとしたら，私は経済法則にしたがっているのだろうか（フランスの工場労働者は自分の妻や娘の売春をX時間目の労働時間と呼んでいるが，それは文字通り真実である），あるいはまた，私が自分の友人をモロッコ人に売るとしたら（たとえば徴募兵の取引売買などのような直接的な人身売買があらゆる文明国でおこなわれている），私は国民経済学的に行動しているのではないだろうか，と。すると国民経済学者は私にこう答える，君は私の法則に反して行動してはいない。だが道徳おばさんや宗教おばさんの言うこともふりかえってみたまえ。私の国民経済学的な道徳と宗教は，君にたいしてなにも異議をさしはさむことはない，だが――だが，さて私はどちらを多く信じたらよ

いのか，国民経済学をか，それとも道徳をか——……道徳は一つの規準を，国民経済学は他の規準をというように，それぞれの領域がたがいに異った対立した規準を私におしつけるということは，疎外の本質にもとづいているのである。というのは，それぞれの領域は人間のある特定の疎外であり，そしてそれぞれの領域が疎外された本質的活動の特殊な分野を固定させ，それぞれの領域が他の疎外にたいして疎外的なかかわり方をするからである。」

このように，近代においては，人間は労働の場では労働動物・家畜・機械として，非労働の場では危険人物・亡霊として扱われる。そして，人間は，労働の場と非労働の場の交錯する場所で堪えがたい疎外を経験する。では，この事態をどうすればよいのか。

「粗野な共産主義」では足りない

「粗野な共産主義」——現代の平等主義的リベラリズムや社会民主主義に相当する——は，「より富裕な私有財産にたいしては，妬みと均分化の要求として立ちむかう……粗野な共産主義者は，頭のなかで考えた最低限から出発して，こうした妬みやこうした均分化を完成したものにすぎない。……共同体はただ労働の共同体であるにすぎず，また共同体的資本，すなわち普遍的な資本家としての共同体が，支払う給料の平等であるにすぎない」。賃金の平等や給付の平等の要求は，妬みから発して最低ラインを捏造しているにすぎない。しかも，そのとき，人間を，資本の共同体から均分の分け前に与る単なる賃金労働者の部類に還元しているにすぎない。人間を，教会の聖餐に等しく与るだけの信者に仕立てているにすぎない。それだけではない。資本主義においては，貨幣の力を介して，絶えず欠如は増加し貨幣欲求が掻き立てられる。均分の分け前で済むはず

もないのだ。ここから，何を引き出すべきか。若きマルクスは，こう続ける。労働の目的が富や賃金の増加に置かれている限り，労働そのものが「有害であり破滅的なのだ」。「労賃の強引な引き上げ……も，奴隷の報酬改善以外のなにものでもないだろうし，労働者にとっても，労働にとっても，その人間的な規定や品位をかちとったことにはならないであろう」。では，どうすればよいのか。

若きマルクスは，いくつかのヒントを書きとめているが，当然にもそれはヒントにとどまっている。だから，むしろ本書から学び知るべきは，近代経済学と近代道徳に対する若きマルクスの憤りである。そして，現代に対する憤りを研ぎ澄ますことである。そうでなければ，通例のマルクス論に追随するだけで終わって，若きマルクスも老いたマルクスも読むことすらできないだろう。

カール・マルクス（Karl Marx, 1818-1883）

若きマルクスは熱い。口汚い。憤っている。本書は「経哲草稿＝ケイテツソウコウ」と略称されて青年必読の書として語り継がれた時代があったが，若いときにも老いたときにも読むべき書である。

参考・関連文献
アントニオ・ネグリ，マイケル・ハート『ディオニュソスの労働　国家形態批判』（長原豊，崎山政毅，酒井隆史訳，人文書院，2008 年）
山之内靖『受苦者のまなざし　初期マルクス再興』（青土社，2004 年）
ヘルベルト・マルクーゼ『初期マルクス研究『経済学＝哲学手稿』における疎外論』（良知力，池田優三訳，未来社，2000 年）
城塚登『若きマルクスの思想　社会主義思想の成立』（勁草書房，1975 年）
河上肇『貧乏物語』（岩波文庫，1962 年）

ジョン・ラスキン

『この最後の者にも』
Unto This Last, 1862

飯塚一郎訳, 中公クラシックス, 2008年

——労働と友愛——

　いまではラスキンは, 美術評論家として以外はあまり知られていないが, 19世紀から20世紀にかけて他の分野でもとても有名であった英国の思想家である。本書は, 1860年に雑誌『コーンヒル・マガジン』に四回にわたって掲載された政治経済学批判の論稿であり, 1862年にまとめて出版されたものである。発表当時から「素人のたわごと」にすぎないとして酷評されたが, 1880年代以降の社会主義運動や労働運動の高まりの中で注目され, 1910年までに10万部以上が売れ, 広く影響を及ぼしていたものである。そして, その「素人のたわごと」は, 現在の動向を予知しているとも読める。現在においてこそ想起するに値するものである。

　本書の目標は, 第一に「富の正確にして確固不動の定義を示すこと」, 第二に「富の獲得が結局は社会のある道徳的諸条件のもとにおいてのみ可能であることを示すこと」に置かれている。したがって, 富を非道徳的にしか扱わない政治経済学に対する批判が欠かせないことになる。

「階級宥和」の威力

　政治経済学者は、人間を単なる「貪欲な機械」と考えて、その「方程式」を立てている。そんな見地から、政治経済学者は、雇用主と職工、主人と召使の関係についても考えている。「もし召使いがもっと良い職が得られるならば、かれがそれにつくのは自由である。主人は、その召使いが提供するかぎり多くの労働を要求することによってのみ、かれの労働の実際の市場価値がどれだけか知ることができる」のであるから、最大限の苛酷な取扱いを通してこそ、労働の最大平均値、社会の最大利益、召使い自身の最大利益が定まってくると断言する。「しかし、これはまちがっている」。「召使いは精神がその動力であるようなエンジンであるから、このきわめて不可思議な動因の力は未知数として、経済学者の知らないうちに、その方程式のすべてのなかにはいりこみ、それらの計算をことごとくまちがったものにしてしまう」。そのエンジンの燃料は、意志や情愛だ。だから、最大の仕事量を得ようというなら、主人と召使い相互の情愛を涵養しなければならない。そこで、ラスキンはこう推奨する。「いかなる経済的な目的もなく、ただかれを親切に取り扱えば、経済上の目的はすべて達せられるであろう」。同じことは、職工についても成り立つ。職工は労働需要に従って変動する賃銀率で雇われ、市況次第で職を失う危険にさらされている。「こういう不安定な状態のもとでは、いかなる情愛の作用も起こるはずはなく、ただ不満の爆発作用が起こるだけ」である。だから、労働需要と無関係に賃銀を調整すること、市況と無関係に一定数を雇用することが目指されるべきである。

　このようにラスキンは、資本主義の二大階級たる資本家と労働者の間に友愛を打ち立てるべきであると説くとともに、友愛こそが経

済的にも資すると説くのである。この立場は，階級宥和主義として批判されながらも，初期産業主義段階で大きな影響を及ぼした。そして，現代の市場原理主義的でネオリベラリズム的な「主人」や「雇主」に対しても言って聞かせるべきことであろう。次いで，ラスキンは，商業的な富概念と政治経済学的な富概念を批判していく。

富と道徳

実業家は，「富裕」について知っていても，その反対の「貧乏」については全く斟酌していない。商業経済学に従えば誰もが富裕になれるかのごとくだが，実際は，富裕は貧困に依拠している。「諸君が財布のなかにもっているギニー貨の力は，まったく諸君の隣人の財布にギニー貨が不足していることによるのである」。だから，「みずから富裕になる術は，同時にまた必然的に諸君の隣人を貧乏にしておく術である」。ところで，全体の富の増加のためには，富裕術が必ず生み出すこの不平等が必要不可欠であるとする通念が広まっているが，それは間違っている。もちろん，不平等の良し悪しを決めるのは一般には簡単ではない。例えば，二人の働き手がいて，一人が病気になりもう一人から支援を受ける場合には，二人とも労働した場合よりも商業的富の総量は減って不平等が生ずるわけだが，この場合の不平等は良いものであると評価されよう。だから，「国民的富についての利益だけでなくその量にも関係する全体の問題は，終局的には抽象的な正義の問題に帰するのである。……富の真の価値はそれに付された道徳的標識に依存するのである」。富を道徳的にも評価するべきなのである。この点では，「富の出所の善悪」も評価するべきである。海賊がかき集めた貨幣，従軍行商人が戦死者から剥ぎ取った財物などは，悪しきものとしか言えないだろう。

「最も安価な市場で買い,最も高価な市場で売れ」という商業上の教訓を,政治経済の原理であるとする近世の観念ほど,「歴史の記録のなかで人類の知性にとって恥ずべきものはないのだ」。

人間こそ富

では,以上を踏まえて,富をどう定義するべきだろうか。ラスキンは,現代においてこそリアルになったと言える富の定義を提示していく。「人間自身が富である」とするのである。「富の真の鉱脈は,深紅色であること──岩石のなかではなくて,肉体のなかにある」。だから,国富や国力は,「りっぱな精神の人間」を数多く作り出すことに存する。このことを洞察するなら,未来のイギリスは,「異教徒の国の子らをひきいて「これこそわが財宝である」ということができるであろう」。

この富の概念を基礎にして,政治経済学批判が進められる。先ず,労賃に関してである。政治経済学は労賃も需要供給で決定されるとするが,それは間違えている。「需要供給の法則によって生きるのは,鼠や狼の特権であると同時に,魚の特権でもある。しかし正義の法則によって生きるのは人間の特質である」。だから,「労働の報酬にかんする正義の法則がなんであるかを検討しなければならない」。「適正ないしは公正な報酬」とは何かを検討しなければならない。その際には,「その仕事をすすんでしようとする人の数には,まったく関係ないということに注意せよ」。だから,こうなる。「正当な報酬が,順次下級の職務ないし労働に従事する人々にも分配されるならば」,貧困が除去されるだろう。そして,ラスキンは,断固として「素人のたわごと」を主張する。「諸君がへたな職人を雇うかぎり,へたな仕事にも良い仕事とおなじように報酬を支払うべ

きであり，それはへたな僧侶もその「十分の一税」をとり，へたな医者もその謝礼をとり，へたな法律家もその訴訟費をとるのとおなじことである」。そして，「労働者の全運命は，結局この正当な報酬という重要問題に依存しているのである」。貧困は「競争と圧迫」から生じ，買手は競争を利用して貧民の労働を不当に安く獲得するからである。政治経済学は，需用供給の法則などと称して，そのことを合理化しているだけなのだ。

　人間こそが富であるからには，「富の科学である経済学は，人間の能力と志向にかんする学問」でなければならないし，「道徳的考察」から切り離せない。また，人間こそが富であるからには，人間の生の向上に寄与する「空気とか光線とか清潔といったような貴重で有益なもの」も富であり「健康」も富である。そもそも人間の生そのものが富なのだ。このことの含意を，ラスキンは，これも断固として引き出していく。

　人間は，「正しく鍛錬されれば戦争にも労働にも国家にも役だちうるが——しかし鍛錬されないとか，あるいは濫用されると国家にとって無益であり，また個人の私的なあるいはただひとりの生存を［それもほんの僅かに］維持しうるだけである。——ギリシア人は，国家に直接有用でないことに従事している人を意味するギリシア語から，このような身体を「イディオティック」な身体，すなわち「私的」な身体と呼んだ。英語の「白痴（イディオット）」，すなわちまったく自分自身のことに没頭する人を意味することばは，結局このギリシア語からきたものである」。したがって，富の科学たる経済学は，人間の能力の蓄積と分配の学問であることになる。

　「国家の問題は国家がどれだけ多くの労働を雇用するかということではなく，どれだけ多くの生をつくりだすかということである。

……生なくして富は存在しない。生というのは，そのなかに愛の力，歓喜の力，讃美の力すべてを包含するものである。最も富裕な国というのは最大多数の高潔にして幸福な人間を養う国，最も富裕な人というのは自分自身の生の機能を極限まで完成させ，その人格と所有物の両方によって，他人の生の上にも最も広く役だつ影響力をもっている人をいうのである。／まさに不思議な経済学である。それにもかかわらず，これまでこれ以外に経済学があったこともなく，ありうるはずもないのである。利己心にもとづく政治経済は，すべてその昔，天使政策に分裂をもたらし，天国の経済に廃虚をもたらしたものの再現にほかならない。」

　国家の目的，経済の目的は，「最大多数の高潔にして幸福な人間」を生産することである。経済学は，イディオティックな悪魔の政策でしかない。これに対して，天国の経済，天使の政策を，この世で実現しなければならない。そのためには，資本家と労働者は，高潔という徳と人間という富の統合に向かって，友愛をもって協同していくべきである。こうラスキンは呼びかけるのである。

ジョン・ラスキン（John Ruskin, 1819-1900）
　芸術・社会評論家として有名。近年も，芸術教育や文化政策の分野で参照されている。その経済評論は20世紀初めまで大きな影響力があった。晩年は，文化財保護運動，ナショナル・トラストの創設などに携わった。

参考・関連文献
　岩村透『美術批評の先駆者　ラスキンからモリスまで』（藤原書店，2008年）
　大熊信行『社会思想家としてのラスキンとモリス』（論創社，2004年）

ジョン・スチュアート・ミル

『功利主義論』
Utilitarianism, 1863

伊原吉之助訳『世界の名著 49』，中央公論社，1979 年

——功利と正義——

豚の学説，高級な人間の学説

ミルは，世間の反対や誤解に抗して，「功利の原理，またはベンサム後年のよび方にいう最大幸福の原理」を擁護する。

功利の原理に従えば，「行為は，幸福を増す程度に比例して正しく，幸福の逆を生む程度に比例して誤っている」。幸福とは快楽を，そして苦痛の不在を意味し，不幸とは苦痛を，そして快楽の喪失を意味する。ところが，この功利主義に対して「嫌悪の念」がしばしば表明され，功利主義は「野卑下賤」な「豚向きの学説」であるとの非難——エピクーロス派の快楽主義を非難して彼らを「豚」と呼んだ故事にならって——が繰り返される。これに対して，ミルは反批判を加えていく。

第一に，人間には，豚と違って「高級な能力」がある。「高級な能力をもった人が幸福になるには，劣等者よりも多くのものがいるし，おそらくは苦悩により敏感であり，また必ずや多くの点で苦悩を受けやすいにちがいない」。だから，幸福と苦悩を重視する功利主義は，豚の学説であるよりは，高級な人間の学説である。第二に，幸福と満足を区別しなければならない。「満足した豚であるより，

不満足な人間であるほうがよく,満足した馬鹿であるよりも不満足なソクラテスであるほうがよい。そして,もしその馬鹿なり豚なりがこれとちがった意見をもっているとしても,それは彼らがこの問題について自分たちの側しか知らないからにすぎない。この比較の相手方は,両方の側を知っている」。だから,ここでも幸福を重視する功利主義は,高級な人間の学説である。

 ところで,功利主義は,個人の幸福の量だけでなく,何よりも全体の「幸福の総量」を重視する。その意味で,功利主義は,「野卑下賤」どころか「高貴な人」の徳そのものなのである。例えば,自己犠牲を考えてみよ。

 「この自己犠牲はなにかの目的のためでなければならぬ。自己犠牲は自己目的になれないのである。幸福ではなく,幸福よりもさらに善い徳が目的だというのなら,私はたずねよう。英雄なり殉教者なりは,他人に同じような犠牲を免れさせると信じたからこそ犠牲となったのではないのか。自分が幸福を放棄したところで同胞になんの成果ももたらさず,同胞に自分と同じ運命をたどらせ,同胞を幸福放棄者の立場に置くだけだと考えたならば,果たして犠牲になったであろうか,と。このような幸福放棄が世界中の幸福総量を増加するため十分役だつときには,いつでも個人的な人生享受をみずから捨てることのできる人たちに栄光あれ！ だがこれ以外の目的のために幸福を放棄する人,またそう称する人には,柱のてっぺんにのぼった苦行者なみの敬意を払っておけば十分である。……功利主義倫理は,他人の善のためならば自分の最大の善でも犠牲にする力が人間にあることを認めている。犠牲それ自体を善と認めないだけである。幸福の総量を増やさない犠牲,あるいはふやす傾向をもたない犠牲はむだだと考えるのである。功利主義が称える自己放棄

はただ一つ、他人の幸福またはその手段への献身だけである。この場合に他人とは、人類全体であると、人類の全体的利益の範囲内にある個人であるとを問わない。」

正義をめぐる衝突

そして、ミルは、功利主義には公共的・社会的意義があると説いていく。「もし功利が道徳的義務の究極の源泉であるなら、義務の発する要求が互いに衝突するとき、功利はこれを裁いて決着をつけることができるはずである」というのである。ミルは、いくつかの「衝突」の事例をあげていく。それらは現代においても再現されている争点である。ミルのその叙述は大変に精彩に富んだものであるので、そのまま引用する。現代に引き当てて読み直してみてほしい。

① 分配的正義をめぐる衝突。「一部の共産主義者は、共同社会の労働の生産物を、厳密な平等原理以外の原理でわけるのは不正だと考える。ほかの共産主義者は、いちばんひどく欠乏している者がいちばん多く受けとるのが正しいと考え、また別の共産主義者は、人よりよくはたらいたもの、人より多く生産したもの、社会にとって人より価値ある仕事をしたものが、生産物を分配するときに、より大きいわけまえを要求して当然と考える。これらの意見はどれも、いかにももっともらしく自然の正義感に訴えることができる」。

② 刑罰の正義をめぐる衝突。「たとえば、こんなことを言う人がある。他人への見せしめのために人を罰するのは不正だ、と。刑罰は、受刑者自身の善を目的とするときにかぎって正しいというのである。別の人たちは正反対のことを言う。分別のつく年齢に達している人間を、当人の利益のためという名目で罰するのは圧制であり、不正である。というのは、当人の善だけが問題なら、当人が自分の

善をどう判断しようと，それに介入する権利はだれにもないからである。ただし，他人に悪がおよぶのを防ぐために罰するのはさしつかえない。これは自己防衛という正当な権利の行使なのだから，と。／また，オーエン氏は主張する。そもそも処罰ということが不正なのだ。なぜなら，犯罪者が自分の性格をつくったのではなく，彼の受けた教育が，また彼をとりまく環境が，彼を犯罪者にしたてたのだから。そして教育や環境については，彼になんの責任もない，と」。

③ 平等的正義をめぐる衝突。「協同的産業組織において，才能や熟練が高い報酬を受ける資格をもつということは正しいかどうか。／否とこたえる側はこう論じる。全力を尽くす者は同等の報酬を受けるべきである。自分の責任でないことのために低い地位におかれるのは正しくない。すぐれた才能はおのずから賞賛を博し，声望を得，これらにともなう内心の満足を感じているのだから，このうえさらに世俗的な財貨まで人並み以上の分け前にあずからなくても，すでに十二分の利益を受けている。正義のためには，むしろ才能に恵まれぬ人たちのために，このように不当な利益の不平等を補償してやるのが社会の義務であり，この不平等を拡大するようなことはすべきでない，と。／反対の側はこう主張する。社会は，より有能な労働者から，より多くを受けとる。彼の労役がより有用であるかぎり，社会はこの労役に対してより多くの報酬を支払ってしかるべきである。共同の成果のより大きい部分が現に彼のはたらきによるのだから，それに対する彼の要求を認めないのは，一種の強奪である。彼の報酬が他の人たちと同じなら，同量のものを生産してしかるべきで，彼のすぐれた能力に応じて時間と労力を減らしてはじめて正当な要求といえる，と」。

④ 課税の正義をめぐる衝突。「課税の割り当てを論じるときに引き合いにだされる正義の基準はなんと多く，またなんと矛盾していることだろう。ある意見によれば，国家に支払う分は，数字上，動産に比例しているべきである。別の人たちの考えでは，累進課税こそ正義の命ずるところである。余裕のあるものから比較的高率で取りあげようというのである。／自然的正義という点から，強硬な主張をすることもできる。財力を全然無視して，だれからも同じ絶対額を取れ，というのである。ちょうど，会食やクラブの申込者が，支払能力が平等であろうとなかろうと，みんなが同じ待遇を受けて同額の支払いをするのと同じわけである。法律と政府の保護は全員におよんでおり，また全員が等しく必要としているのだから，全員にそれを同じ価格で買わせても不正はない。……この理論が課税に応用されると，支持者が一人もいなくなる。人間にある人道の感情とも，社会的便宜の感情とも強く衝突するからである。しかし，それが依拠する正義の原理は，対立する他の原理と同じく真実であり，同じ拘束力をもつ。したがってこの理論は，ほかの課税法の擁護論に，暗黙の影響をおよぼすのである。人々はこう論ぜざるをえないように感じる。国家は，貧乏人よりも金持のために，より多くのことをしている。そこで金持から，より多くを取るのが正当である，と。もっとも，これは実際には正しくない。というのは，金持は，法律や政府に頼らなくても，貧乏人よりはるかによく自分をまもれるからである。また事実，おそらく貧乏人をうまく自分たちの奴隷にしてしまうだろう。／また別の人たちは，同じ正義の概念にしたがいながら，こう主張する。身体の保護に対しては，全員が平等に人頭税を支払い，財産は不平等だから，その保護に対しては不平等な租税を払えばよい，と。これに対して，さらに別の人たちがこた

える。一人の人間の全財産は,他の人間の全財産と同じ価値がある,と」。

正義論の紛糾から脱け出す

ミルは,こうした正義をめぐる衝突を決裁して解決できるのは功利主義だけであると主張する。そもそも,どうして正義をめぐる衝突は際限がなくなるのだろうか。正義概念が,功利概念や幸福概念と比べて,何か高級なものだと思い込まれているからである。例えば,正義概念には命令や拘束の観念が含まれているが,この観念の起源は,便宜の感情とは違って,より高き所に由来すると思い込まれているからである。また,例えば,正義を口にする人は義憤といった心情にとらわれているものだが,その心情についても,より高き所に由来すると思い込まれているからである。しかし,「正邪の判定基準」は,常に功利や幸福である。正義か不正義かの判定基準も,「一般的功利」である。だから,果てしのない正義論争の混乱から抜け出すには,「功利主義の方法によるしかない」。というのは,「功利を基礎とする正義がいっさいの道徳の主要部分であり,比較を絶したもっとも神聖で拘束力の強い部分である」からである。このことを,ミル以上に具体的に論ずることは,現代に課せられた課題である。

ジョン・スチュアート・ミル (John Stuart Mill, 1806-1873)
　ベンサムの功利主義を継承し発展させた。ミルの倫理学的研究の主題はひどく限定されていたが,近年になってようやく変わりつつある。

参考・関連文献

　山下重一『J・S・ミルとジャマイカ事件』（御茶ノ水書房，1998 年）

　H・L・A・ハート『権利・功利・自由』（小林公・森村進訳，木鐸社，1987 年）

　Mark S. Stein, *Distributive Justice and Disability: Utilitarianism against Egalitarianism* (Yale University Press, 2006)

　Frederick Rosen, *Classical Utilitarianism from Hume to Mill* (Routldge, 2003)

フリードリッヒ・ニーチェ

『道徳の系譜』
***Zur Genealogie der Moral: Eine Streitschrift*, 1887**

信太正三訳,ちくま学芸文庫,1993 年

――道徳の価値――

同情道徳の価値とは

　本書「序言」で,ニーチェは,自分には「固有の疑惑」があると書いている。それは「われわれの善と悪とは本来いかなる起源を有するかという問題である」。その上で,ニーチェは,「道徳の起源」の仮説よりも,「遙かに重大なことがら」を取り上げると書いている。それは,「道徳の価値」とは何かという問題である。とくに「〈非利己的なもの〉の価値,すなわち同情・自己否定・自己犠牲の本能の価値」とは何かという問題である。「今日では,〈道徳的〉と〈非利己的〉と〈無私無欲〉とを同意義の概念とみなす先入見がすでに一個の〈固定観念〉や脳病のような猛威をもって流行している」。さらに,〈道徳的〉と〈同情的〉と〈利他的〉を同意義の概念と見なす先入見も流行している。そうであれば,なおさら,それを無批判に自明視するのではなく,「同情と同情道徳の価値いかんという問題」に取り組まなければならない。これが,第一論文「善と悪,よい（優良）とわるい（劣悪）」で論じられる。

　やはり同情道徳の具体例を出しておこう。現代の市民たちは,遠くの貧困で悲惨な人間を直接に見知ることはない。直接に見知って

直接に行動することもない。遠きにありて思うだけだ。現代の市民たちは，間接的にメディアを介して，貧困で悲惨な様子を画像や映像で眺める。そして，感情を露わにしながら，そこに不正があると感じる。そして，多少の行動を開始したりする。あるいは，遠くへ赴いて，何ごとかを行なったりする。そのことは，文句なく〈道徳的〉で〈よい〉ことだと見なされている。ニーチェは，そこには先入見が潜んでおり，その道徳的よさには批判されるべきことがあると言いたいのである。ニーチェが自認しているように，現代の市民たちは聴く耳さえ持たないだろう。これもニーチェが自認しているように，聴く耳を持つ人間は遠い未来にしか現われないだろう。ともかく議論を辿ってみよう。

僧侶的奴隷のお喋り

非利己的道徳の起源について，19世紀の「イギリス心理学者」——現代の進化心理学者や英語圏倫理学者はその後裔である——は，次のように考えている。

「「もともと非利己的行為は」——と彼らは宣告する——「その行為を実地にしてもらい，かくてそれら利益をうけた人々の側から賞賛されて，〈よい〉と呼ばれた。後になって，この賞賛の起源が忘れられ，かくして非利己的行為は，それが習慣的につねに〈よい〉と賞賛されたというだけの理由で，そのままた〈よい〉と感じられるようになった，——まるでその行為それ自体が何か〈よいもの〉であるかのように」。ただちに見てとられるとおり，この最初の推論からしてすでに，イギリス心理学者の特異体質の典型的特徴をすべて含んでいる。——〈功利〉，〈忘却〉，〈習慣〉，そして最後に〈錯覚〉，これらすべてのものが評価の基礎とされている。」

しかし，ニーチェによるなら，非利己的道徳の起源についてのイギリス心理学者の仮説は，全く誤っている。

「さて，私にとって第一に明白なことは，この理論は〈よい〉という概念の本来の発祥地を誤った場所に求め，かつそこに想定しているということである。別言すれば，〈よい〉という判断は，〈よいこと〉をしてもらう人々からおこるのではない！　その判断のおこりは，むしろ〈よい人〉たち自身にあった。すなわち，高貴な者たち，強力な者たち，高位の者たち，高邁な者たち自身にあった。こうした者たちが，あらゆる低級な者・下劣な者・野卑な者・賤民的な者に対比して，自己自身および自己の行為を〈よい〉と感じ〈よい〉と評価する，つまり第一級のものと感じ，そう評価する。この距離のパトスからしてはじめて彼らは，価値を創造し価値の名を刻印する権利を自らに獲得したのである。」

ニーチェが言わんとすることは，こうである。「貴族的価値判断」は，自己の力，自己の生き方について，何の疑念も持たずに，それを〈よい〉と肯定する。端的に言うなら，「貴族」は，自己の生の力の発露であれば，どんな行為や感情であっても，それを〈よい〉と判断する。「平民道徳」の眼からするなら犯罪や罪責にあたる行為であろうと，「貴族」はそれが自己によかれと思うなら，何の躊躇いもなく実行する。だから，「貴族」が弱者を眼にするときも，「貴族」は自己の生の力にふさわしいことだけを行なう。場合によっては，大判振る舞いする。場合によっては，冷淡に無視する。場合によっては，身代りに死ぬ。ときに利他的，ときに非利己的，ときに利己的に振る舞う。そんな行動や態度の区分も種別も重要なことではない。そのような道徳的分別には何の価値も意味もない。「貴族」は，弱者のためによかれと考えることから出発して行動や

態度を決めるのではなく，おのれのためによかれと思う態度をもって弱者に向かって行動するのである。そのような道徳にこそ価値と意味がある。ところが，どうしたことか，この「貴族道徳」では立ち行かぬと思い込む人間が大半を占めるようになったのである。

　市民たちが，伝統的慈善では救済が普く行き届かないとやたらに心配性になるのは，自分のことを「貴族」たりえない「奴隷」であると知っているからではあるのだが，問題は，これら「僧侶的」な「奴隷たち」が，弱者は弱者であるがゆえに〈よい〉と決めつけるところにある。それに照らして，市民たちは，自分は〈よい〉ものではないと恥じたり後ろめたくなったりする。そこを贖（あがな）うために，それこそを動機として，弱者のためによいことを為さなければと思う。と同時に，自分では大したことはできないと自覚しているものだから，どこかで「強者」を探し出してきては，「強者」は何もやっていない，もっと何かをやるべきだと言い立てる。と同時に，驚くべきことに，市民たちは，非利己的で利他的な行為が合理的であると論証しようと躍起になる。まるで論証が成功しなければ，何も行為できないかのようにお喋りを積み重ねる。あるときは数式に現（うつつ）を抜かし，あるときは道徳の起源譚に現を抜かし，あるときは凡庸なレトリックを繰り出す。そうして，お喋りを積み重ねる。ニーチェは，それを「病気」「わるい空気」だと言っているのである。

　やはり具体例を出しておこう。社会福祉に関して，スティグマ化が批判されることがある。社会福祉は，特定の貧困者や特定の病者を他から選別して恩恵を与えることであるから，その対象者を劣位に置かざるをえないし劣位を意味するカテゴリーでもって分類せざるをえない。そのことが批判されるわけだが，そもそも社会福祉は同情道徳（「かわいそうに」）に根ざしているからには，スティグマ

化を免れることはできない。これは，自律や自立を強調したところで変わることではない。他とは違ってことさらに自律を促され自立を支援されるというそのことがスティグマになるからである。この「わるい空気」を入れ替えるのは確かに困難であるが，ニーチェが告発するのは，いまや市民たちがそれを「わるい空気」として感じなくなっていることである。だから，ニーチェの「貴族道徳」には負け犬の遠吠えのような趣がある。まさしくルサンチマンに発しているところがある。ますますもって，聴き届けられなくなるわけである。

ニーチェを聴く耳

　以上の第一論文に続けて，第二論文では，〈負い目〉と〈良心の疚しさ〉の起源と価値が論じられる。ここでは「損害と苦痛とは等価であるというこの観念は，どこからその力を得てきたのであろうか？」という問い，すなわち，被害者の受けた損害と加害者に課せられる刑罰による苦痛とが，どうして等価と見なされるのかという問いが立てられている。応報的正義だけでなく修復的正義の起源も問われている。これは，現代の司法改革や死刑をめぐる議論にも資するところがあるだろう。そして，第三論文では，〈禁欲主義的理想〉の起源と価値が論じられる。論点は多岐にわたるが，「人間は何も欲しないよりは，いっそむしろ虚無を欲する」との最後の洞察は，現代の尊厳死・安楽死をめぐる議論にも資するところがあるだろう。聴く耳を持たなければ何の役にも立たないのであるが。

　ポストモダニズムはニーチェの影響を受けたとされることが多い。そして，ニーチェを忘却するなり片付けるなりしておきさえすれば，ポストモダニズムなどなかったことにできると言わんばかりの人が

沢山いる。たしかに，フーコーもドゥルーズもデリダもニーチェ論を書いていたし，彼ら自身がニーチェに学ぶところがあったと認めている。しかし，少なくとも彼ら以外の思想家においても彼ら以降の思想家においても，ニーチェの道徳批判そのものは，必ずしも継承されてはいない。端的に言えば，ポストモダニズムは，ニーチェの力＝権力論の用語を言い換えてみただけであって，それを市民道徳批判として現代化して具体的に応用することを怠ってきた。聴く耳を持ちその課題を継承する人間は，はたして現われてくるのだろうか。

フリードリッヒ・ニーチェ（Friedrich Wilhelm Nietzsche, 1844-1900）

　ニーチェの道徳批判が聴き届けられないという状況を通して，道徳の異様な重さが見えてくるということがある。ニーチェが全身全霊をかけて嫌悪したのに，その嫌悪はニーチェの生理的病気に由来していたにすぎないかのように片付けられてしまうというその状況を通して，見えてくることがある。ところで，晩年のニーチェは病気のために脳を患ったが，それは治療法のせいもあったのではないかと私は疑っている。そこを解明してくれる人は，いつか現われてくるのだろうか。ともかく，幸いなことに，ニーチェの著作は文庫になっていて入手しやすい。世間の耳の具合がどうであろうと，秘かに読み継がれていくことであろう。

参考・関連文献

　永井均『道徳は復讐である』（河出文庫，2009 年）
　金澤周作『チャリティとイギリス近代』（京都大学学術出版会，2008 年）
　ジル・ドゥルーズ『ニーチェと哲学』（江川隆男訳，河出文庫，2008 年）
　神崎繁『ニーチェ』（NHK 出版，2002 年）

マックス・ヴェーバー

『プロテスタンティズムの倫理と資本主義の精神』
Die protestantische Ethik und der Geist des Kapitalismus, 1904-1905

大塚久雄訳, 岩波文庫, 1989 年

——鉄の檻——

資本主義は支配・規律・専制から

　資本主義の精神とは何であり, その起源と行末はどうであるのか。これは依然として重要な問題であるが, 19世紀末から20世紀初めにかけてドイツでも盛んに議論された問題である。ヴェーバーは, これに対して有名な解答を与える。資本主義の精神の起源はプロテスタンティズムの禁欲精神にあり, 資本主義の精神はすでに変質を開始しており, 別の領域に漏れ出し始めており, やがて資本主義そのものにおいては消滅するであろう, と。

　ヴェーバーは,「地方の職業統計」をもとに,「資本所有や経営, それから高級労働にかかわりをもつプロテスタントの数が相対的にきわめて大きい」という事実を引き出してくる。この統計的推論の妥当性についてはいまでも詮議は絶えていないが, ともかくヴェーバーは, この事実から以下の知見を引き出していく。あるいは, この事実によってその知見を補強している。

　「宗教改革は人間生活に対する教会の支配を排除したのではなくて, むしろ従来のとは別の形態による支配にかえただけである。」

　宗教改革は, 信教の自由をはじめとする種々の自由を実現したど

ころではない。むしろ「鉄の檻」を作り出して、そこに人間を閉じ込めたのだ。その「新しくもたらされたものは、およそ考えうるかぎり家庭生活と公的生活の全体にわたっておそろしくきびしく、また厄介な規律を要求するものだった」。では、「当時経済生活において興隆しつつあった市民的中産階級がピュウリタニズムの、かつてその比をみないほどの専制的支配を受け入れたのは、いったいなぜだったのか」。

　資本主義の精神は、啓蒙主義者や経済学者が語ってきたのとは違って、営業の自由や幸福追求の自由といった自由によって開始され涵養されたとは考えられない。また、マルクスが語ったのとは違って、土地からも財産からも切り離されたプロレタリアートの二重の意味での自由に由来したとも考えられない。そうではなくて、資本主義の精神は、「支配」「規律」「専制」に由来するのだ。そのことが把握されてこなかったのは、宗教的信仰と資本主義的精神が水と油のように相容れないものだと思い込まれてきたからである。たしかに、資本主義は、神なき時代の無神論的精神によって駆動されてきたように見える。資本主義の二大階級たる資本家と労働者にしても、冠婚葬祭を別とすれば、およそ宗教とも信仰とも無縁であるように見える。しかし、そういうことではないのだ。「非現世的・禁欲的な信仰」と「資本主義的営利生活」は、「相互に内面的な親和関係」にあることに気づかなければならない。「労働の精神」も「進歩の精神」も、「宗教的な生活規則」と「結合」していることに気づかなければならない。そこに気づかなければ、資本主義の分析も批判もできるはずがない。神は死んでも、宗教は死んではいない。

労働の義務

　資本主義の精神を構成するのは、種々の自由であるというよりは、一連の「義務」である。「信用のできる立派な人」であるべしという義務、「自分の資本を増加させることを自己目的とする」義務、幸福や快楽のためにではなく貨幣のために貨幣を獲得するという義務、営利を人生の究極目的に据えるという義務、総じて、このような「職業義務」こそが、資本主義文化の「社会倫理」を構成している。例えば、何のために労働するのかと問われて、労働することが義務であるから労働するために労働すると答えるような精神が資本主義を支えている。「民衆は貧しい間だけ、貧しいからこそ労働するのだということは、幾世紀を通じて信条となってきた」が、言いかえるなら、労働の動機は貧困であり、労働の目的は富であると信じ込まれてきたが、そんな信仰によって資本主義が生い立ったわけでも支えられているわけでもない。資本主義を構成するのは、「労働を義務とする」「この上なくひたむきな態度」である。

　この一連の義務の構造は、ある種の宗教的義務にその祖型があるのは明らかである。例えば、礼拝の義務だ。何のために礼拝は行なわれるのか。それは、来世での救済や現世での利益のためにではない。そんなことを目的とするなら、まるで人間が礼拝なる善行を積み重ねさえすれば神の心を動かして神から恩恵を引き出すことができるということになってしまう。天国に送金して天国銀行に貯金をしておきさえすれば天国への通行チケットを買い取ることができるということになってしまう。それは全く人間中心的な考え方であって、神の力に全面的に身を委ねるべき礼拝にふさわしい態度ではない。信仰者は、何の目的も何の当てもなく、ただ礼拝のためにだけ礼拝するといった具合でなければならない。いかに無意味で無益で

愚昧に見えることであっても、それが神の命令に淵源すると伝承されている限りは、ひたすら心を無にして礼拝するといった具合でなければならない。この礼拝の義務の構造が、職業の義務の構造と相同なのである。例えば、礼拝において、見たところ共同的行為の最たるものである礼拝においてこそ、個人は徹底的に「内面的に孤独化」する。「何も誰も当てにできなくなる」。このとき、個人は、ひたすらに自己を規律化し（それが自律としての自由ということだ）、自己を系統的に審査し（それが良心の自由ということだ）、人生を「倫理的生活態度」でもって「組織化」する（それがライフコースということだ）。さらに、ヴェーバーによるなら、資本主義的精神の最たるものと目される功利主義は、実は幸福主義的でも快楽主義的でもない。その功利主義は「宗教的源泉」に由来している。実際、「全体の福祉」などという観念は、「神の栄光」の世俗版以外の何ものでもない。資本主義的精神を支える功利主義にしても、実は「悲愴な非人間性をおびる教説」なのである。

資本主義の精神の行方

　さて、資本主義と宗教に共通する「悲愴な非人間性をおびる教説」の「結果」が重要である。ヴェーバーによるなら、「近代資本主義精神」は、営利と労働を天職義務と見なす「営利機械」と化した市民によって支えられてきたが、いまや功利主義が「単に衛生をめざすもの」へと転換しつつあることに窺えるように、ひたすら経済的「進歩」を言祝ぐだけの啓蒙主義に席を譲ってきた。さらに、ヴェーバーによるなら、衛生精神と啓蒙主義にしても、資本主義においては色褪せ始めている。つまり、近代資本主義は、その中心においては「鉄の檻」を必要としなくなってきたのである。ところが、

「鉄の檻」は消え去ったわけではない。まさにこの点を見据えて，資本主義の行末を考えてみなければならない。ヴェーバーの展望を示唆する有名な一節を最後に引いておこう。

「この秩序界は現在，圧倒的な力をもって，その機構の中に入りこんでくる一切の諸個人——直接経済的営利にたずさわる人々だけではなく——の生活スタイルを決定しているし，おそらく将来も，化石化した燃料の最後の一片が燃えつきるまで決定しつづけるだろう。……今日では，禁欲の精神は——最終的にか否か，誰が知ろう——この鉄の檻から抜け出してしまった。ともかく勝利をとげた資本主義は，機械の基礎の上に立って以来，この支柱をもう必要としない。禁欲をはからずも後継した啓蒙主義の薔薇色の雰囲気でさえ，今日ではまったく失せ果てたらしく，「天職義務」の思想はかつての宗教的信仰の亡霊として，われわれの生活の中を徘徊している。」

では，禁欲精神という鉄の檻，天職義務という亡霊は，企業や工場を抜け出して，現代の生活のどこで徘徊しているのだろうか。禁欲精神，天職義務とは，形式的には義務のための義務を遂行するだけの精神，実質的には世俗的な目的の追求のことを最高善にして究極目的としてそれだけを義務として遂行する精神のことであるが，それは将来の生活のどこにとり憑くだろうか。

「将来この鉄の檻の中に住むものは誰なのか，そして，この巨大な発展が終わるとき，まったく新しい預言者たちが現われるのか，あるいはかつての思想や理想の力強い復活が起こるのか，それとも——そのどちらでもなくて——一種の異常な尊大さで粉飾された機械的化石と化することになるのか，まだ誰にもわからない。それはそれとして，こうした文化的発展の最後に現われる「末人たち」(letzte Menschen) にとっては，次の言葉が真理となるのではなか

ろうか。「精神のない専門人たち、心情のない享楽人。この無のもの（ニヒツ）は、人間性のかつて達したことのない段階にまですでに登りつめた、と自惚れるだろう」と。」

現在の「末人たち」は、化石燃料の消滅を予期しながらその自惚れを脱しつつあるように見えるし、また、禁欲精神を天職義務であるかのように吹聴しているが、やはり人間性の最高段階に達していると自惚れてはいるのである。とすると、鉄の檻は現代生活のどこを徘徊しているのか、来たるべき預言者はその鉄の檻から輩出してくるのか、やはり再び鉄の檻こそ力強い思想や理想を生み出すことになるのかというヴェーバーの問いは依然として開かれたままである。いずれにせよ、ヴェーバーの問いを踏まえて、新たな資本主義精神論が書かれるべきである。

マックス・ヴェーバー（Max Weber, 1864-1920）

かつて資本主義の起源をめぐって、19世紀から20世紀にかけてドイツを中心に大きな論争があった。また、20世紀後半にも、別の形で資本主義の起源を問う、マルクス―ヴェーバー論争があった。どちらも、いまでも重要な論争である。そして、フーコーの一連の仕事は実は後者の論争を踏まえて、その射程を一気に広げた資本主義精神起源論でもある。

参考・関連文献

椎名重明『プロテスタンティズムと資本主義　ウェーバー・テーゼの宗教史的批判』（東京大学出版会，1996年）

ミシェル・フーコー『性の歴史Ⅰ　知への意志』（渡辺守章訳，新潮社，1986年）

モルデカイ・ローデンバーグ『逸脱のアルケオロジー　プロテスタンティズムの倫理と「失敗」の精神』（川村邦光訳，平凡社，1986年）

マックス・シェーラー

『価値の転倒』
Vom Umsturz der Werte, 1923

林田新二，新畑耕作訳『シェーラー著作集4』新装版，白水社，2002年
小泉仰ほか訳『シェーラー著作集5』新装版，白水社，2002年

――**市民道徳批判**――

小市民根性とルサンチマン

　資本主義の精神である市民道徳には，どこか腐ったところがある。シェーラーのあげる具体例では，「利他主義者」「社会主義者」「女権論者」「ベンサム主義者」にも，「社会政策家」「国家学者」「経済学者」にも，どこか腐ったところがある。シェーラーは，本書所収論文「道徳の構造におけるルサンチマン」などを通して，これら近代の市民道徳，あるいは小市民根性を徹底的に批判する。そして，シェーラーは，真のキリスト教倫理をこれに対置する。

　現代社会は，政治的・法律的・形式的に万人に平等権を認めている。ところが，現代社会は，「力や財産や教養」の「大きな差異」を認めており，しかもそれを基礎として成り立っている。だから，現代社会では，上位の者とも平等であるはずの大半の市民は，決して上位の者に平等に「匹敵」することはできなくなる。必ずや，そうなる。このとき，市民の心に「ルサンチマン（恨み・妬み・嫉み）」という暗い感情が生まれる。市民は，このルサンチマンに駆り立てられて物を言って振る舞うようになる。シェーラーに従って，

その事例を順番にあげていこう。

　① 個人や集団が，自分は平等な配慮を受けず不当に扱われ不正な害を被っていると訴え出る。訴え出る先はといえば，必ずしも加害者に向けてではない。訴え出る先は，力・権力・権威において上位に立つ機関や組織である。そこに，すがるのである。ところが，これら被害者たちは，当の被害が修復されても訴え出るのを止めない。「ある人が，自分が同情的な目で見られていると感じるならば」，躓いて転んだ子供が他の者が同情すればするほどますます激しく泣き叫ぶように振る舞うのである。シェーラーは，こう書いている。「「ルサンチマンによる批判」と名づけられうるこの特種な「批判」の実質は，この場合——積極的目標をもったあらゆる批判の場合と異なり——不快だと感じられている状態の是正がいずれも満足を呼び起こすことがなく不満足を呼び起こす，という点にある。……「ルサンチマンによる批判」には，それが意欲していると称することが実際にはまったく真剣に「意欲」されてはいないという特別の事情がある。それは，弊害を是正するために批判するのではなく，そもそもおのれの意見を述べるための口実としてこの弊害を利用する」。このルサンチマン的な個人や集団は，自らの「無力感」のみを動員としているから，それは「没落してゆく生」の一つの有り様でしかない。

　② 他人のあら探しを事とする人がいる。他人のふしだらを嗅ぎ回っては非難する人がいる。小市民根性の典型である。自分より劣る者を非難して，自分の方が優れていると見せびらかして喜ぶのである。それだけではない。市民はそれ以上のことを行なう。例えば，他人の性的スキャンダルを嗅ぎ回って非難することを通して，まさにその性的劣情を自ら味わうのである。才気あふれた遣り方で

ある。シェーラーは、こう書いている。「恋情衝動と性衝動と生殖衝動とを抑圧されている「老嬢」が、ルサンチマンの毒を完全に免れることは稀にしかありえない。「とりすました態度」と呼ばれているもの——真正な羞恥とは反対のもの——は一般に、おびただしい変種をもつ性的ルサンチマンの特別の一形態たるにすぎない。周囲の世界でセックス面のいかがわしいできごとをたえず探し出しては厳しく非難するという、多くのオールド・ミスの態度になっている仕方は、こうしてルサンチマンによる満足に変形された性的満足そのものの最終形式たるにすぎない。そこでの批判では、表面上の志向で非難されていることそのものが実現される」。この「オールド・ミス」という表現は、今日では差別的表現として受け取られるだろう。どうしてだろうか。今日の市民全員が、そんな人物になったからである。この件に関して、「老嬢」だけを区別する謂われはなくなったからである。

　③ 市民は、自分より弱き者を見つけ出しては「援助」や「人間愛」や「利他主義」を語り出す。シェーラーは、こう書いている。「このタイプの人の社会的活動力の背後には、注意力を自分自身に、つまり自分の人生問題と自分の課題に留めておくことのできないその無能さがひそんでいることは、まったく明瞭に感じとられることである。ここでは自分から目をそらすことが愛とみなされるのだ！単に心が「他者」とその生のほうに向けられているということにすぎない「利他主義」が愛とはまったく関係ないということは、もちろん明々白々である」。そして、「「小さきもの」「貧者」「弱者」「圧迫されたもの」などに対する愛は、その反対の現象たる「豊かさ」「強さ」「生命力」「幸福と現存在との充実」に対する覆面した憎悪であり、抑圧された嫉妬や猜忌、等々であるにすぎない」。さらに、

「「社会政策家」は、たいていは自己逃避によって動かされる貧しく空虚な人間にほかならない。この種の生き方と感じ方は病的なもので、「より高い」道徳性をもっているかに見せかけているにすぎないこと、そしてそれは同時に、衰退してゆく生とひそかな価値ニヒリズムの兆候である」。

このような「ルサンチマンに満ちた小市民」が、「資本主義の精神」を担っているのである。とするなら、資本主義の諸問題を、「社会政策および保険政策という意味での国家の自発的関与」によって緩和したり除去したりできるはずもない。そもそも、社会政策や保険政策が、「「保証」を求める市民精神」の産物にすぎないからだ。そして、この市民精神こそが、「国家の最大限の福祉」を求めて、資本主義でも社会主義でもある混合体制を、さらには「国家社会主義」を生み出すのである。

キリスト教倫理の復権

この卑しい近代道徳に対して、シェーラーは、キリスト教倫理を正しく復権させることを呼びかけている。ニーチェは、19世紀に流布したイエス像、すなわち、「新たな国家秩序や経済財の配分を、何らかの制度を通じて愛の要請に基づいてうち立てる」ような「社会政策家」の姿を、イエスの内に見てとるイエス像にすっかり影響されてしまって、キリスト教倫理もルサンチマンに由来する奴隷道徳であると誤認してしまったが、それは正されなければならない。例えば、「弱者、病人、小さき者」に対する「愛と犠牲」にしても、キリスト教倫理と市民道徳では全く意味が異なっているのである。

「アッシジのフランチェスコが化膿した傷に口づけし、わが身を嚙んでいる南京虫も殺さずに、客を厚遇する家のように自分のから

だを南京虫にまかせる場合，これらの行動は，もちろん（外側からだけ見れば）価値感情と本能の倒錯の結果だとも言えよう。しかし実際にはそうではない。そのような現われ方をしたゆえんのものは，うみに対する嫌悪感の欠如とかうみに対する快感ではなく，より深い生命感と力感による嫌悪感の克服なのだ！　この態度は，たとえば芸術や詩の領域で過去のものとなっている近代リアリズムの態度，すなわち社会的悲惨を暴露し，貧民画を描き，病的な部分をかきまわす態度——完全にルサンチマンから生じる現象——とはまったく異なる内的態度である。フランチェスコが南京虫のうちにも「生命」という聖なるものを見てとるのに対して，近代リアリズムの代表者は一切の生あるもののうちに南京虫に似たものを見たのである。」

「弱者，病人，小さき者」のうちに，何か聖なるものを見て取るのか，それとも，悲惨で病的なものだけを見て取るかの違いである。ただし，真のキリスト教者は，「弱者，病人，小さき者」を聖化したり美化したりして終わるのではない。自己の生命の力を発露しながら，悲惨で病的なものをそのまま愛するのである。そもそも，真の隣人愛は，醜い隣人を醜いままに，悪人を悪人のままに，被害者を被害者のままに，加害者を加害者のまま愛することを命じている。だから，キリスト教の愛・隣人愛と近代の普遍的人間愛・利他主義は全く異なっている。

「援助は愛の直接的で適切な表現であって，愛の「目的」や意義をなすものではない。愛の意義はただ愛自身のうちにあり——魂のなかで，愛が輝きはたらいてゆくという愛する魂の高貴さのうちにある。したがって，あらゆる種類の「社会主義」や「社会的心情」や「利他主義」やその他同種の近代での同様なことがらほどに，キ

リスト教的な愛というこの真正な概念に縁遠いものはない。」

　しかし，現代にあっては，「キリスト教的な慈悲」に代わって，「かわいそうに！」という同情道徳が席巻している。シェーラーが引くように，かつてゲーテは，「人間性」なる理念に対して疑念を抱き，「人間性というものがついには勝利を収めるというのは本当だと思われる。ただしかし私は，そうなると同時に世界が巨大な病院となり，人は他人の親切な看護人になってしまうのではないかと思う」と書いたことがある。このゲーテの予言は完全に的中した。ますます市民は，「看護人」という「同情的目撃者」に依存して，「苦悩病」「ヒステリー症状」を病むようになっている。同時に，ますますルサンチマンを動因として「看護人」を増やすようになっている。シェーラーは，20世紀を貫くこの動向に何か腐ったものを感じ取っているのである。

マックス・シェーラー（Max Scheler, 1874-1928）

　カント倫理学に対抗して「実質的倫理学」を対置する『倫理学における形式主義と実質的価値倫理学』が主著とされる。他にも，宗教哲学，社会学，人間学についての著作がある。『価値の転倒』所収の「「年金ヒステリー」の心理学と災禍に対する正しい戦い」や「資本主義の将来」は，貴重な資本主義批判・社会政策批判の論考である。

参考・関連文献
　『シェーラー著作集』全15巻（飯島宗享ほか編，白水社，1976-1980年）

第5部

幸福と福祉

　福祉や厚生（welfare）は，無条件に善いことであり正しいことであると深く信じられているが，この信念は，20世紀後半の福祉国家・福祉社会の誕生とともに形成されてきたものである。
　第5部では，その信念を歴史的に相対化して新たな仕方で考え直すための手がかりとなる文献を選定した。

イマヌエル・カント

『実践理性批判』
Kritik der praktischen Vernunft, 1788

宇都宮芳明訳・注解，以文社，1990年

――幸福と道徳――

　カントは自らの課題を，幸福論と道徳論を分離することと定めている。
　「幸福論においては，経験的な諸原理が全基礎をなしており，道徳論においては，こうした諸原理はいささかも付加されていないが，ところで幸福論を道徳論から区別することが純粋実践理性の分析論における第一の，もっとも重要な課題作業であって，分析論はこの作業において，幾何学者がその作業においてなすようにきわめて正確に，言うならば水も漏らさぬように手続きを進めなければならない。」
　ところが，カントはこんな留保をつけている。「だが幸福の原理を道徳性の原理からこのように区別することは，それだからと言ってただちに両者を対立させることではない。純粋実践理性が欲しているのは，幸福への要求を放棄すべきであるということではなく，ただ義務が問題となるやいなや，幸福をまったく考慮してはならないということなのである」。ここには，いささか奇怪な事情が伏在している。
　一般に，何のために生きているのか，何が人生の目的であるのか

という問いに対しては,誰でも幸福を求めて生きていると答えるだろうということが共通了解として成立している。それは,人間は幸福を求めて生きているものだという経験的主張である場合もあれば,人間は幸福を求めて生きるべきだとする規範的主張である場合もある。カントは,経験的主張は認めるが,それが規範的主張になるのは認めないという態度をとる。しかし,奇怪なのは,カントが,義務の重みを示すためには,幸福に関わる経験的事実に抗してそれを示さなければならないと考えていることである。たとえ不幸であっても,たとえ不幸を招くことがあっても,あるいは,まるで不幸を招くのを目的とするかのようであっても,幸福を捨てて不幸に堪えてこそ,義務は義務として輝き出ると考えたがっていることである。ところが,もう一つ奇怪なのは,カントは,義務は義務である限り犠牲を要するとか,犠牲こそが義務の行使の構成的要件であるとは言いたいわけではなさそうであることである。

不倫の義務があったとしたら…

カントの倫理書の魅力は,精密な概念的思考と並行して,含蓄の多い事例を提示するところにある。ここでは,死を前にする人間の事例を取り上げて,カント倫理の奇怪さと魅力について考えてみよう。

①「誰かが自分の情欲の傾向性について,もし気にいった対象とそれを手に入れる好機会とが現れたら,自分はこの傾向性をまったく制止できないであろうと称しているとする。だがもしかれがその好機会にあう家の前に絞首台が立てられていて,情欲を遂げた後ですぐその台上に繋がれるとしたら,かれはその場合でも自分の傾向性を抑制することはないであろうか。かれがなんと答えるかを長い

間臆測してみる必要はないであろう。だがかれにこうたずねてみよう。もしかれの君主が、同じように即刻の死刑という威嚇の下に、君主が偽りの口実を理由に殺害したいと思っているある誠実な人物に対する偽証をかれに要求するとしたら、はたしてかれは、生命に対する自分の愛がどれほど大きくても、この愛をよく克服することが可能であると思うであろうか。かれが偽証するかしないかは、おそらくかれもあえて確言はできないであろう。だが偽証しないことが可能であることは、かれもためらわずに認めるに違いない。こうしてかれは、あることをなすべきであるとかれが意識するがゆえに、そのことをなすことができる、と判断するのであり、もし道徳法則がなければ知られないままにとどまったであろう自由を、自らのうちに認識するのである。」

では、死刑の威嚇がなければどうなのか。「実践的原則」は、「理性だけを唯一の意志の規定根拠とする」人々が、それに従って生きているような法則である。ところが、その「実践的法則」は、理性以外のもの——カントは自愛や幸福として一括する——をも意志の規定根拠とする人間には、「命令」として現われる。道徳法則は、無条件の絶対的な義務の命令として現われる。必ず人間は理性以外のものも動機とするから、必ず義務は命令として現われる。とすると、人間が「実践的法則」をそれとして意識できるのは、義務の遂行のために自ら不幸になることが必要な限りにおいてであることになる。義務の遂行に伴って幸福が維持されたり獲得されたりするなら、純粋に理性を動機として義務のために義務を遂行しているか否かの見分けがつかなくなるからである。どうしても、死刑の威嚇を試薬とする「化学実験」による「分析」が必要になるのだ。

ところで、引用文の前半を見直してみよう。この人間は、情欲を

満たすために生命を賭けるかもしれないではないか。それこそ不倫のために死んでもかまわないと思うかもしれないではないか。そんな事例は稀にではあれ出現する。はたして，そんな人間は，情欲の傾向性だけでもって，生命を賭してまで不倫を貫けるものであろうか。むしろ，そんな人間は，不幸になっても不倫を行なうべしとの義務の命令を通して，何らかの実践的法則を垣間見ていることにはならないだろうか。生命を失うことや情欲に従うことや人倫を侵犯することが悪であるなら，まさに悪こそが，かえって道徳法則を告げることはないだろうか。例えば，戦争テロリストや自爆テロリストのことを考えてみるとよい。しかもカントは，「狂信」よりも，自愛や幸福だけを規定根拠とする「実践的経験論」の方が「危険」であると評するような人物なのだ。「経験論は，あらゆる狂信よりもはるかに危険であり，狂信は決して多くの人間の常態となることはできないのである」。カントは，晩年にいたるまで，この問題をひきずることになる。

幸福でも（幸福だから）死を選ぶ人がいたら…
②「ある正直な人間が，義務を無視することができさえすれば避けることができた人生の最大の不幸のうちにあって，かれが自分の人格のうちの人間性をその尊厳において維持し，尊敬したという意識，したがってかれは自分自身に対して自分を恥じたり，自己吟味の内なる目を恐れたりする理由をもたないという意識が，その人間を支えることはないであろうか。この慰めは幸福ではなく，幸福のほんの一部分ですらない。誰も慰めを得る機会がくることを望んだり，おそらくは生活がそうした状態になることを決して望んだりはしないであろうから。だがかれは生き，かれ自身の目に生きるに値

しなくなることを耐え忍ぶことができない。この内的な平安は，それゆえ，生を快適にするであろうすべての事柄にかんして，たんに消極的である。つまりこの平安は，かれの状態の価値がかれによってすでにまったく放棄された後で，かれの人格の価値までが低下する危険を防止することである。この平安は，生とはまったく別のものに対する尊敬の結果であって，この別のものと比較対照すれば，むしろ生はそのあらゆる快適さとともにまったく無価値なのである。かれが生きるのはただ義務に基づいてのことであって，生をいささかなりとも好んでいるからではない。」

　現代の生命倫理学者には，安楽死を肯定し正当化するためにカントの尊厳概念や人格概念を引き合いに出す人が沢山いるが，カントがそれほど単純な人物ではないことは，ここを読むとよくわかる。人間は，尊厳と義務のゆえに「最大の不幸」のうちでも生きることがある。そのとき，人間は，義務の命令を聴き取って「実践的法則」を垣間見ている。そして，「実践的法則」に容易く従って生きるような「全感性界からさえ独立な生命体」をこの世で体現していることになる。なお，ここでのカントの強調点は，「最大の不幸」で生き続ける際に，義務遵守意識や尊厳意識に由来する「慰め」や「平安」は，生の「快適」や「幸福」とは全く別であるということに置かれている。つまり，カントは，この場合の精神的「慰め」や「平安」を何が何でも快楽と区別しておきたいし，快楽とは呼びたくないといった具合なのである。しかし，この事例における義務とは何であろうか。生きる義務がその一つであることをカントは否定しなかったはずである。生の快楽がすべて奪われてもなお，生きる義務から生きるときにこそ，生より高きものが輝き出ると言いたいのであるから。

ところで、この逆をとれるだろうか。「最大の不幸」にあって死を選ぶことは、どうであろうか。この場合は、「実践的経験論」の範囲内に納まるしかない。不幸のあまり死にました、で流されるだけだ。では、最大の幸福にあって死を選ぶ人間がいるとしたら、どうであろうか。この場合は、自愛や幸福を原理とする「実践的経験論」の範囲内には納まりそうもない。とすると、その人間は、死ぬべしという義務の命令を聴き取っていることになるのだろうか。カントにあっては、そうはならない。なぜなら、幸福をもって死ぬことを「実践的法則」とするような「独立な生命体」はありえないし、あってはならないとカントは信じているからだ。しかも、この信は正しそうだ。

　となると、「独立な生命体」の世界を律する「実践的法則」はいかなるものかが問われてくる。カントは、その世界に「賢明にして全能な幸福配分者」が存在することを要請する。つまり、カントは、いわば来世の福祉国家の幸福配分者が、この世では幸不幸を度外視して義務を全うする人間に対して幸福を配分することによって、幸福と道徳を調和させてくれることを要請することになる。これもカントが晩年までひきずる問題である。

イマヌエル・カント (Immanuel Kant, 1724-1804)
　カントの倫理学書としては、『実践理性批判』のほかに、『人倫の形而上学の基礎づけ』(1785)、『人倫の形而上学』(1797)、『単なる理性の限界内における宗教』(1793)などが重要である。それぞれに考えさせる事例が盛り込まれており、本文で指摘したような問題を念頭に置くと、とても面白く読める。やはりカントは最高の倫理学者である。

参考・関連文献

角忍『カント哲学と最高善』(創文社,2008年)

アレンカ・ジュパンチッチ『リアルの倫理 カントとラカン』(冨樫剛訳,河出書房新社,2003年)

小倉志祥『カントの倫理思想』(東京大学出版会,1972年)

Jacob Rogozinski, *Le don de la Loi: Kant et L'énigme de l'éthique*(PUF, 1999)

ウィリアム・ヘンリー・ベヴァリッジ

『社会保険および関連サービス（ベヴァリッジ報告）』
Social Insurance and Allied Services, 1942

山田雄三監訳，至誠堂，1969 年

―――戦争と福祉―――

　1940 年の欧州戦線での英仏の苦戦を受け，チャーチル内閣は，「戦争目的委員会」と「戦後再建問題委員会」を相次いで設置した。後者は，労働補償法と社会保険を調査する特別委員会の設置の必要を認め，1941 年 6 月 1 日に，失業保険法定委員会議長のベヴァリッジを長とする委員会を設置した。この委員会の報告が，1942 年 12 月 1 日に出版された『社会保険および関連サービス』，いわゆる『ベヴァリッジ報告』である。小峯敦によるなら，「イギリス国民は熱狂的にこの「戦後の再建計画」を受け入れた。2 時間で 7 万部が売れ，1 年間で 62 万 5 千部売れたと言われる。2ヵ月後の世論調査では，この報告書を知っている者は 95％，賛成の者は 86％，反対の者は 6％であった。この『ベヴァリッジ報告』は戦時にあって，将来計画の提示という手段でイギリス国民を統一したのである」。

新しい型の人間の制度

　本報告書で特に注目しておきたいのは，医療サービスの強調と戦争との関連性である。まず，医療サービスの位置付けから見ていこう。報告書は，英国の「社会保険および関連サービス」においては，

失業対策や貧困対策は不統一な形であれ，それなりに発展してきたが，医療サービスの分野は決定的に遅れていると指摘する。

「現代の産業社会で起こりがちな所得の中断その他の原因によるさまざまな種類のニードの大部分のための措置は，英国においてはすでに，世界の他の国々の追随をゆるさない規模にまで発展している……医療サービスが，権利として提供される診療の範囲においても，またその対象となる人々の範囲においても，かぎられているという点では，英国の現状は他の国々にくらべていちじるしく遅れている。」

では，この遅れをどう取り戻せばよいのか。報告書は，強制保険の方式を医療にも拡張することを提起する。

「このように強制保険の適用を賃金労働者と一定所得以下の非筋肉労働者とに限定していることは，重大な欠陥である。自営で働いている多くの人々は被用者よりも貧乏であって，公的保険をいっそう必要としている。非筋肉被用者の所得限度も恣意的であって，家族扶養の責任を考慮に入れていない。また，病気の人も失業している人も所得のニードには実質的な差異はないはずなのに，これらの人々は異なった拠出条件のもとに異なった額の給付を受けており，年齢の差によって無意味な差別がなされている。」

そこで，報告書は，疾病においても「危険をプールする」方式を採用することを提起するとともに，その方式は「新しい型の人間の制度」になると宣言する。

「本計画は，それが拠出原則を保持するものであるため，保険という制度として記述されている。またそれは，任意保険との重要な区別を明らかにするために，社会保険として記述されている。第一に，危険の度合いに応じて保険料を調整するのが任意保険の本質で

あって，それがなければ個々人は自分の意志で保険をかけようとしないであろうけれども，この調整は国の力によって強制される保険では本質的なものではない。第二に，死亡とか老齢とか疾病というような保険数理的な危険に備えるのには，任意保険では，晩年に増加してゆく危険に備えるために，若い年代に支払われた拠出金を積み立てて，個々の債務に見合った支払準備金を蓄積する必要がある。ところで国は，国民のつぎつぎの世代を被保険者になるように強制する力をもち，かつ課税の権能をもっていて，保険数理的危険のために支払準備金を蓄積する必要はなく，またじじつ，国が過去においてこのような方法をとったことはない。」

失業保険と健康保険

ところで，危険をプールする強制的な保険として健康保険を企画するというこの考え方は，失業保険の考え方から生まれた。すなわち，失業は特定の産業に原因と責任があるというよりは，産業界の全体に原因と責任があるという考え方である。

「1912年以降30年間に，世論は，このような初期の考え方から，すなわち，強制保険において危険に応じて保険料を調整するという原理から，まぎれもなく離れて，危険をプールすることに賛成する方向に変わった。この変化は失業に関して最も顕著で，かつ最も完全であった。失業については，一般の制度では，産業の大部分を対象とするのでなく，産業別に加入する制度は，歴史的例外となっている。今日では普通の主張は，一産業における失業の程度は同産業が有効に統御しうるものではなく，すべての産業は相互依存の関係にあって，さいわいにして順調な状況にある産業はそうでない産業における失業の費用を分担すべきである，というにある。同じよう

に社会的危険はプールするのがよいとする意見の傾向は，本委員会における健康保険に関する証言者の大部分によって表明された意見に現われている。」

　ところが，どのような意味で失業保険の強制と健康保険の強制が同じになるのかはやはり不鮮明なままである。病気において，失業の場合の産業界全体にあたるものは一体何であろうか。社会などとは言えないはずである。どうしても自然と言わざるをえない。この経済界から自然界への類比的移行は，特段の疑問を付されることがないまま，「新しい型の人間の制度」として称揚されていく。「誰も，自分が他人より健康であるからといって，または常時雇われているからといって，拠出を少なくさせてほしいと要求すべきではないとい」という，「見解にしたがって新しい型の人間の制度としての国の保険の発展への一歩前進」が進められるというわけである。

戦争目的としての社会サービス
　このように，報告書は，それまでの社会政策の方式を医療にまで拡張することによって，戦後福祉国家の基本方向を定めたのである。そして，しばしば指摘されてきたように，戦後の福祉国家は戦時国家と大いに関連がある。それだけではなく，報告書は，戦後の福祉国家の創設を戦争目的に据えているのである。これは驚くべきことでなければならない。

　「次のように主張する人がある。社会保険を再建したり，また他のよりよい平和な世界のための計画を作成したりするのはなるほど望ましいと思われるけれども，このようなことがらはいまはしばらくおいて，英国は戦争のための緊急問題に全力を集中しなければならない，と。今日，英国の国民および連合国の国民が直面している

問題の緊急性や困難さを強調するのに多くの言葉を費やす必要はない。現在の戦闘に勝って生き残ってはじめて、彼らは自由と幸福と親愛とを世界に残存させることができるのである。国民の個人個人に戦争の目的に全力を集中させ、最大限の努力をさせてはじめて、彼らは早期の勝利への希望をもちうるのである。ところで、このことは次の三つの事実を変えるものではない。第一に、勝利の目的は古い世界よりもっとよい世界に生きようとすることであるということ。第二に、国民各人は、政府がよりよい世界のための計画を戦後に間に合うように用意していると感ずれば、戦争のための努力にいっそう力を集中するようになるであろうということ。第三に、もしこの計画が戦後に間に合うように用意されていなければならないとすれば、それはいまの時点で作成されなければならないということ。／戦争をしている国民が再建の政策を明らかにすることは、勝利を得たときに、その国民が勝利を何に役だたせるつもりであるかを明らかにすることである。戦時中は、多くの国々の国民たちはたがいに心からの同盟者としてともに戦争を遂行しなければならないが、彼らが勝利をかちとるべきものとすれば、勝利を何に役だたせるかというこの声明はきわめて重要であろう。」

「窮乏を防止すること、疾病を減退させ救済すること——これらは社会サービスの特有の目的である——は、実際にすべての国民の共通の関心事である。戦争は国民的統一をもたらすのであるから、平時よりも戦時のほうがこういう事実のいっそう鋭敏な認識を確保しうるのである。国民的統一感情のために、また共同目的のために個人の利益を犠牲にする用意ができているために、いろいろな変革をもたらすことが可能であって、それらの変革は、いったん起これば誰もそれを進歩として受け入れるであろうけれども、戦争以外の

時期では企てることのむずかしいものである。いずれにしても，たとえ戦争の圧力がいかに強くとも，戦争のためにだけ生きようとするのではなく，戦後にくるであろうことがらへの配慮をもおこたるまいとする英国民の決意については，疑うべくもないと思われる。それは，何よりも民主主義の本質に適合するものであって，その精神のゆえに彼らは戦い，その目的のゆえに彼らは戦っているのである。」

こうして，報告書は，戦争の時こそ革命の時であると高揚していく。「戦争があらゆる種類の境界線を撤去しつつある現在こそ，経験を境界なき広野で利用する絶好の機会である。世界史のうえの革命的な瞬間というのは，革命を行なうべきときを意味し，つぎはぎ措置を講ずべきときを意味しない」。

このようにして，戦後福祉国家は，とくに医療を中心に置くことになる福祉国家は，戦時国家から生い立ったのである。

ウィリアム・ヘンリー・ベヴァリッジ（William Henry Beveridge, 1879-1963）

イギリスの経済学者，政治家。本報告は，第二次世界大戦後の社会保障制度の構築に多大な影響を与えた。本報告は，名前だけが有名で内容が吟味されることはないので，本文では引用を多めにしておいた。

参考・関連文献

W・H・ベヴァリッジ『ベヴァリッジ回顧録　強制と説得』（伊部英男訳，至誠堂，1975年）

小峯敦『ベヴァリッジの経済思想』（昭和堂，2007年）

ジョゼ・ハリス『福祉国家の父ベヴァリッジ　その生涯と社会福祉政策』全3巻（柏野健三訳，星雲社，1995-1999年）

田中美知太郎

『善と必然との間に　人間的自由の前提となるもの』

岩波書店，1952年（『田中美知太郎全集1』，筑摩書房，1987年）
———必要と福祉———

最も必要なものだけの国家

　本書は1952年に出版されたが，その収録論文「最も必要なものだけの国家」は，日本敗戦直後の1946年に雑誌『思想』に掲載されたものである。その執筆の経緯について，本書「あとがき」から引用する。

　「最も必要なものだけの国家」は，「敗戦の年の十二月に，群馬の田舎で書かれた。その春の空襲で受けた傷で，ほとんど死線を越えようとした身が，やうやく回復しかけて来て，あるひは動かなくなるかも知れないと言はれた指が，親指と人さし指の間に，どうやらペンをはさめるやうになつたので，毎日一時間から二時間位づつ書いたやうに記憶してゐる。眼はすぐ涙がたまつて，永くは使へなかつたし，居室に日の当るのが，一日のうち一，二時間であつたから，他の時間は，多く床の中にゐた。当時はだれしも，飢餓の一歩手前にあり，寒さを防ぐ燃料も，極端に乏しい頃であつた。まづ最低生活の経験をしつつあつたと言ふことができるであらう。そして論文は，丁度この最低生活をテーマとするものであつた。私はこのテーマに熱中しながら，運動のために，少しづつ歩くことができるやうになつた。その散歩の時間を，風の冷い桑畑の中などを歩き廻つた

りしながら、ほとんど寒さを忘れたことのあるのを思ひ出す。貧しい最低生活にも、生涯の最良の時に数へられることのできるやうな時間が宿つてゐるのである。論文は、丁度このやうな生活事実を基礎にして、書かれてゐる」。

さて、論文「最も必要なものだけの国家」は、「いはゆる犬儒派の代表的人物、ヂオゲネス」の考察から始められている。「彼の主張に従へば、何の不足もなく、何を必要とすることもないのが、神の特質なのであつて、必要とするものが少ければ、それだけ神に近いことになるのである。従つて、いはゆる簡易生活が、犬儒派の人々の理想ともなるわけであつて、ヂオゲネスも、ただ一枚の衣をまとひ、ただ一個の袋を携へるのみで、身体が衰へてからも、わづかに一本の杖をこれに加へただけだと言はれてゐる」。この犬儒派の考え方は、一見すると、最低限度の生活をめぐる「当今の考へ方」に似ている。「このことは、最少必要限度の生活とか、生活の最低水準とかいふものが、幸福な生活とか、高級な文化とかいふものの建設に関連して考へられる、当今の考へ方に私たちを近づかせるやうにも思はれる」。しかし、そうではないのだ。両者には決定的な違いがあるのだ。

「しかしながら、このやうな考へ方と、犬儒派の思想との間には、何人も見逃すことのできない、著しい相違がある。すなはち人々は、せめてこれだけはといふ気持で、そのいはゆる最少必要限度の生活を守りぬいて、その基礎の上に幸福な生活を築くことを考へてゐるから、そのよき生活は最少必要限度の生活と同一延長線上に想像され、最低生活を出発点として、一歩一歩向上発展の途をとれば、連続的に最高の文化生活に達することができると考へられてゐる。ところが、犬儒派のよき生活は、このやうな方向には決して見出され

ないものなのであつた。その必要なものだけの生活は、必要やむを得ずとして認められただけのものであつて、できることなら、これも否定してしまつて、何もいらないところへ行きたいと考へてゐるのである。すなわち最も必要なものだけの生活を出発点とすることは同じであるが、その行き先は全く違ふのである。否、出発点の意味が既に違ふと言はなければならないかも知れぬ。」

豚の国

　ここから引き出すべき結論は、こうだ。「必要なものだけの生活は、厳密に言へば、よき生活への絶対的な出発点ではない」。その上で、経済的なもののことを視野に入れて考えなければならない。田中は、ヂオゲネスの衣・袋・杖にしても、自分で制作したものはなく、何処かから得たものであると指摘する。「一見、彼の生活は僅かな所有だけに依存してゐるやうであるが、実際は社会の全体に依存してゐるのである」。プラトンは、そのことをよく弁(わきま)えていた。プラトンは、その「理想国」を建設するためには、「最も必要なものだけの国家」——グラウコンはそれを「豚の国」と呼称するが——における共同社会組織から出発することが必須となるとする。そして、田中は、敗戦後の国家は、まさしく豚の国でしかないと認めている。

　では、この豚の国からどの方向へ進んで行くべきだろうか。犬儒派の方向は、共同社会組織の意義を忘却している点で問題があった。プラトンは豚の国を理想国の基礎となるとしたが、その基礎の意味を分析する必要がある。その上で、「当今の考へ方」を吟味しなければならない。その前提として確認しておくべきは、「必要」とは、善なる目的を達成するための手段として必ず要るものであるという

ことである。「必要は，すべて善に依存する」。ところが，これに対する異論がありうるのである。それは「当今の考へ方」にも潜んでいる異論である。

　第一の異論は，最も必要なものは，「単なる生存」のためのものであると言い立てるものである。「単なる生存」に最も必要なものは，無条件に無目的に必要なものだというのである。しかし，そんなことはない。この異論にしても，「単なる生存」を善なる目的として立てておいてから，その維持に必要なものを捉えている。「従つてもし生存を目的としなければ，衣食住の最も必要なものも，最早決して必要ではないであらう。かくて自殺者は，絶食によつて生命を絶つことを試みもするのである。また死の練習を試みる哲学者たちは，最も必要なものだけの生活を，死の目的のために必要であるとは考へずに，未だ死にきれないために生ずる，万やむを得ない悪と見なしてゐるのである。しかも死を目的とする時に，生は既に悪と見られてゐたとすれば，生存を目的とする努力のすべてには，生が既に善として予定されてゐると言はなければならない。して見ると，ここにおいても，必要はやはり善に依存すると考へなければならないであらう」。

　第二の異論は，最も必要なものは，「赤裸々な生存」において「最も急を要する必要」であり，「絶対に近い必要」であると言い立てるものである。「赤裸々な生存」とは，「単なる生存」とは違って目的になりうるような生存ではない。それに必要なものを得なければ，直ちに息絶えてしまうような生存である。最も必要なものとは，そんな剥き出しの生存に絶対的に不可欠なもののことであるというのである。しかし，田中は，そのように言い立てることは間違えた方向に導いてしまうと批判していく。

第5部 幸福と福祉

「生存の概念を、その最低位に押しつめれば、何とかして生命だけは助かりたい、生き残りたいといふやうな場合の、赤裸々な生存概念だけになるであらう。この時の必要こそ、最も急を要する必要なのであつて、これが真に最も必要なものであるとも考へられる。それは無条件的ではないにしても、ほとんど絶対に近い必要であると言はれるかも知れない。しかしながら、生命の危険は飢餓のみにあるのではない。ひとが生命だけは助かりたいと思ふのには、病気、難船、交通事故、天災、その他ひとつひとつ数へ切れないほどの、いろいろな場合がある。病人は一服の薬を求め、水難者は一本の流木を摑む。……これらの必要は、たしかに絶対無二のものと考へられるが、しかし他面また、最も多く条件に支配され、事情によつて千差万別で、しかもいづれも一時的で、危機が過ぎれば、忽ち無用の長物となつてしまふことが多い。もし私たちが、これらのものを最も必要なものだけの国家のうちに取り入れようとするならば、最も必要なものだけの国家は、あらゆるこまごまとした物を含まなければならなくなり、その限界は見失はれてしまふであらう。しかも、ひとは空気を呼吸しないでは生きられないのであつて、ひとは水中や高空において、その必要を忽ち覚らせられるのであるけれども、最も必要なものだけの国家において、このやうな必要は少しも顧慮されなかつたのである。私たちのいふ最も必要なものは、よき生の最低位としての生を目的とするのであつて、単なる存在のための必要ではなかつたのかも知れない。単なる存在のためには、素材の素材たる、第一素材が、究極における「なくて、ならぬ」ものなのであると考へられる。」

だから、豚の国家についても、それは善なる生活と正しい国家のためになるのかと問わなければならない。ところが、「当今の考へ

方」は,「単なる生存」や「赤裸々な生存」に執着するばかりで,善なる生活のことを全く顧みることなく,「あらゆるこまごました物」を経済的に生産しさえすれば幸福になれると思い込んでいる。それでは,「奢侈国家」しか実現できない。「国防国家」の再版しか実現できなくなろう。「単に国家の存在を守ることが,国家の最高目的であるなどといふのは,何でもよいから生き残るのが,人生最高の目的であるといふやうなものである。何のためにあるかの,存在理由を知らない国家が亡びるのは当然であり,世界はその喪失を悲しむべき理由を知らないであらう」。

　本書は,こう結ばれている。「自分で考へようとする者にとつて,最悪の気候である,この時に,敢へて困難を冒して,あくまでも自由に考へようとする人たちよ,来れ!」

田中美知太郎(たなか・みちたろう,1902-1985)

　古代ギリシア哲学研究者。サンフランシスコ講和条約締結問題では小泉信三とともに単独講和を支持し,1968年には「日本文化会議」を設立し主導するなど,保守派論客としても知られる。

参考・関連文献
　田中美知太郎『ロゴスとイデア』(岩波書店,1947年)
　『田中美知太郎全集』全26巻(加来彰俊ほか編,筑摩書房,1987-1990年)

第6部

近代倫理の臨界

　倫理にも，メジャーな倫理とマイナーな倫理がある。メジャーな倫理は，時代の大多数の人々が自明視していて自らの行動指針や人生指針として使用しているものをそれとして自覚的に取り出したものである。だから，メジャーな倫理はほとんどが読んでも面白くない。既に知られていることしか書かれていないように見えるからである。せいぜい，既に知られていることに屁理屈を付け加えて説明や正当化をはかっているようにしか見えないからである。

　そこでマイナーな倫理が面白いかということになるのだが，残念なことに，マイナーな倫理のほとんどは，案外につまらないものである。それらにしても，メジャーな倫理を自明視しておいて，それと少しばかり違うことを言うことによっておのれの地位を手に入れて安心するといった具合になってしまっているからである。

　ところで，面白いことに，メジャーな倫理の中でも優れたものは，メジャーな倫理をそれとして首尾一貫させようとするがために——それは大抵の場合にマイナーな倫理のことを秘かに意識して進められるのだが——，かえって綻びや破綻を示してしまうことがある。メジャーな倫理は，その綻びや破綻を自覚的に取り繕ったり補ったりしてそれなりに新たな展開を遂げるわけだが，はたしてそれで片がつくかどうかが考えどころになるし，まさにそこが倫理的に面白くなるのである。第6部では，そんなメジャーな倫理学を選定した。

和辻哲郎

『倫理学』

岩波文庫，全4冊，2007年（初版 1937-49 年）
——共同体主義の臨界——

天皇主義者の奉仕

　本書は，すでに名声が確立したものとして解釈抜きにその断章が口移しされたり，政治的に正しくないものとしてこれまた解釈抜きに罵られたりしてきた。後者については，和辻の天皇（制）への態度がよく言及されてきた。本書には，「天皇への奉仕が公共的なるものへの奉仕として理解し直されるべきである」との句が見える。これをもって，和辻は天皇主義者ないし象徴天皇主義者であると指摘するのは容易い。事実，その通りなのだから。

　しかし，単純な指摘で見失われることはある。例えば，「奉仕」の和辻的な使用法である。本書では，この「奉仕」は，「原始貿易」の人類学的研究を参照しながら，「応用数学」でしかない経済学の「単なる仮構」や「迷信的な頑固さ」を退けて，「労働」を改変する概念として差し出されている。そして，「奉仕」は，「有用性」の次元の上に「社会的職分」の「規範性」の次元が折り重ねられた概念として練り上げられている。要するに，和辻のいう「奉仕」とは，社会化されたサービスのことである。加えて，本書では，社会的「奉仕」関係が織りなすところの「人倫的組織」は，「ヨリ公共的なる共同」に照らすなら「人倫の喪失態」として現われることも示唆

されている。このように解してみるなら、和辻のいう「天皇への奉仕」が、それだけで社会的「奉仕」関係を高次の共同性へと引き上げる類のものでないことは余りにも明らかである。本書そのものが、和辻をして真正の天皇主義者たることを許していないのである。実際、和辻の天皇主義とは、ほとんど心情の吐露以上のものではなかった。和辻は、ヘーゲル哲学も咀嚼しながら本書を仕上げているが、ヘーゲルの君主制論については咀嚼し切れなかったとも言えよう。

　付け加えるなら、和辻は、戦時の「統制経済」を、近代経済学の「町人根性」や「功利的な成功主義」に立脚するものとして退けている。また、これはよく知られていることだが、戦時戦中の「武力統治、思想統制」「忠孝一本の国民道徳」を「振り回した連中」への嫌悪感を隠していない。これに対抗させるかたちで、和辻は「教育勅語」を内容的に擁護して見せてもいる。要するに、和辻は穏当なのである。問われるべきは、その穏当な倫理の臨界である。それは家族論に垣間見えている。

人間の学としての倫理学

　やはり「序論」の有名な箇所を口移ししよう。本書は倫理学を「人間」の学として規定する試みである。また、「倫理を単に個人意識の問題とする近世の誤謬」から脱却するための試みである。そこで基本用語の字義の吟味から始めてみよう。

　「倫」は、「なかま」を意味する。「なかま」は、「一定の行為的連関の仕方」を意味する。そこから、「倫」は、「人間存在における「きまり」「かた」すなわち「秩序」を意味することになる。それが「人間の道と考えられるものである」。そして、「理」は、「ことわり」「すじ道」を意味し、行為の仕方、秩序を強めて言い現わす。

したがって,「倫理は人間の共同的存在をそれとしてあらしめるところの秩序,道にほかならぬのである。言いかえれば倫理とは社会存在の理法である」。ところで,「人間」は,「人の間」すなわち「よのなか」「世間」を意味した。「人間」は,「世の中」であるとともに,その世の中における「人」である。そして「存在」であるが,「存」は「亡」に転じ得るもの,時間的性格を本質的規定とする「存亡の存」である。また,「在」は,「去」に対する場所的なことである。したがって,以上からして,「倫理学は人間存在の学としての人間の学である」。

さて,「人倫的組織」は,「二人結合」から「国民的結合」にいたるまで「層階」をなしている。この「層階」にあっては,低位の「存在共同」は高位の「存在共同」に対して「私的性格」を帯びる次第となっている。この見地が,「性愛と夫婦」の「二人共同体」,および「血縁と親子」の「三人共同体」にも適用されなければならない。

まず,二人共同体は,離別や死別によって雲散霧消してしまう儚い共同性である。「二人団体においては,いずれか一人が関係を離れれば関係そのものがこわれる。従って個々の人を超えた全体は存していない。この事は二人団体が終末を持つという点に最もよく現われている。個人存在が死において終わると同様に,二人団体もいずれか一人の死において終わる。だから二人のおのおのがこの結合にとって掛け替えのないもの,それがなくなれば同時に結合そのものも亡びるものとして感ぜられる。このような構造は三人以上の団体には存しない」。

ところが,夫婦——いまや性愛カップル一般のこととして読めるだろう——にあっては,事はさほど簡単ではない。「我々の取り上

げた二人共同体［性愛に基づく夫婦］においては，存在の全面的な共同が目ざされるのであって，ある特殊な内容への参与のみが目ざされるのではない。すでに存在を共同にしたものにとっては，相手がこの共同から離れて行ったからといって，その存在が元の姿に還りはしない。それは相手の欠けた共同存在であり，従って相手を超えて存続するのである。相手の離脱あるいは死によって直ちに終末に達するごときものではない」。

　婚姻——いまや同性婚を含むものとしても読めるだろう——には，二人共同体を超越する契機が賦与されている。婚姻の形式が法的・社会的に規定されているだけではなく，婚姻の超個人性そのものが社会的に公認されて成り立っている。ここに「人の大倫としての婚姻の意義が存する」と認めなければならない。「夫婦はその私的存在の形成を通じて共同性を実現するという人倫的任務を課せられている。「夫婦相和」として言い現わされることはまさにこの共同性の実現にほかならぬ。夫婦が和合するのは何かのためではない。和合そのものが夫婦としての人倫の道であり，従ってそれ自身に意義を有するのである」。

　そして，この婚姻共同体は三人共同体——もちろん，いわゆる多様な疑似家族全般を意味するものとして読めるだろう——へと持ち上げられる。その契機となるのは出産と育児であるが，加えて労働である。和辻は，労働・奉仕は三人共同体から発生すると見るのである。「嬰児の養育にあたっては，母は子の衣食住の全体を担う。この母子関係を可能ならしめるためには，父はさらに母子の全存在に対して責めを負わねばならぬ。ここに労働の現われ来たる場所があり，そうして労働の行なわれる一層広汎な共同社会との接触面がある」。

生老病死を前にしての人倫の綻び

　では，子が成人して結婚して別の家屋で家族を立ち上げるなら，どうなるのだろうか。和辻は,「別居」は必ずしも「二つの家族」への分裂にはならないと説く。では，親が死んだなら，家族はどうなるのだろうか。父母＝親がいなくなったなら，少なくともすでに別の家屋で夫婦ないし親となった子は，子であることを失ってしまうのではないのか。和辻は，そうはならないと説く。むしろ，親の死こそが家族の超越的紐帯性を顕わにするといった具合なのだと説く。「家族の構造がかく複雑化すれば，それはもはや結婚によって始まり夫婦の死によって解消するごときものではあり得ない。……特に夫婦の死は通例「親の死」として，この家族を解消せしめるどころか，かえって強く緊括せしめる。かく見れば家族は，そこにおいて人が産まれ，育ち，結婚し，子を産み，育て，老衰し，そうしてついに死んで行くところの，超個人的な場面である。それは婚姻よりも先にすでに存し，夫婦の死を超えてさらに存続する。かかる家族は婚姻を本質とするものとは著しく異なり，血縁関係をその重大な契機としているのである」。

　そして，和辻は，個人の死を超えて存続する血縁共同体が，さらに親族的共同体や地縁共同体へと持ち上げられて然るべきであると示唆する。まるで，絶えずその喪失を嘆かれながらも絶えずその効用を説かれるような地域福祉ネットワークが実現されて然るべきであると示唆するかのように。この「然るべき」の意義は，和辻の言い方では，こうなる。「倫理は単なる当為でなくしてすでに有るとともに，また単なる有の法則ではなくして無限に実現せらるべきものなのである」。ところが，当然のことだが，和辻は「親への孝のために子の夫婦生活が犠牲にされるという問題」に着目せざるをえ

ない。

「息子の妻は父の家の嫁ではないのであるから、おのれの家における主婦としての義務を放擲してまで、他の家のことをする必要はないのである。平生がそうであれば、病になやむ時に、父の方から特別の世話を懇請するということは、病苦よりもかえってつらいことであるかも知れぬ。従って老父も息子夫婦に死に水を取ってもらうことを期待しない。息子夫婦もそれを重大な義務とは考えない。それが普通の風習なのである。」

そうではあるが、そうであるからこそ、和辻は、「別の淋しい家で張り合いのない晩年を送っている、というような光景」や「老父がただ一人で老病になやみ、看護するものは女中のほかにないという場合」に眼を釘付けにされる。とするなら、家族制度における「性的存在共同に重きを置くか、あるいは血縁的存在共同に重きを置くか、の問題」は、「老父」だけでなく「息子夫婦」をも不幸にしている。死を前にして、家族は綻びを見せている。それは「存在共同」の「層階」の綻びでもある。そして、「社会存在の理法」の綻びでもある。

和辻哲郎（わつじ・てつろう、1889-1960）

『倫理学』は体系的に書かれており、「和辻倫理学」と称されるほどである。『古寺巡礼』『風土』などでもよく知られている。

参考・関連文献
『和辻哲郎全集』全25巻・別巻2（安倍能成ほか編、岩波書店、1989-1992年）
熊野純彦『和辻哲郎　文人哲学者の軌跡』（岩波新書、2009年）
苅部直『光の領国　和辻哲郎』（創文社、1995年）

坂部恵

『仮面の解釈学』

東京大学出版会, 1976年

——近代の病い——

　日本語で思考することを実地に示し, しかも同時代の西洋思想を十二分に咀嚼してそれを批判的に活用しながら,「人間的事象のこまやかなひだへととらわれることなく分け入っていく思索の柔軟さ」を実地に示してみせている名高い書である。本書は, 四部に分かれている。I「〈おもて〉の解釈学試論」, II「仮面の論理と倫理にむけて」, III「日本語の思考の未来のために」, IV「しるし・うつし身・ことだま」である。ここでは, 主に第II部を取り上げることにする。

こまやかなひだ

　坂部の「思索」は, 例えば, こんな姿で進められている。仮面は素顔を隠すものであるとの理解はあまりに粗雑である。それではまるで, 素顔が本来のリアリティであって仮面はそれを隠蔽するだけの外部の覆いにすぎないかのようではないか。そもそも,「仮面」に対応する「ペルソナ (persona)」には, 単なる覆い以上の意味が宿されている。ペルソナは, 人格や人称や役割に連なる意味や, 神の三位一体における位格の意味を含むだけでなく,「音 (son)」を「通して (per)」という字義を介して〈声〉や〈語り〉に連なる意

味を孕んでいる。西洋思想史の長い伝統を通して、ペルソナそのものに、「こまやかなひだ」が刻まれて含み込まれているのだ。翻って、仮面そのものを考えてみても、古今東西の仮面劇や仮面儀礼や仮面舞踏について少し考えれば分かってくるように、仮面と素顔を二つに切り分けてしまうことは乱暴な話なのだ。例えば、能面こそが素顔を現出させるといった具合であることは、教養ある人なら誰でも分かっていることだ。実際、日本語の「おもかげ」を考えてみるとよい。それは人の顔であるにしても、単なるむき出しの素顔といったものではなく、その表に裏の影（かげ）が差している面（おもて）である。何もそれは死者の面影に限ったことではあるまい。いまここで出会っている人たちのその顔にしても、実は面影のようなものではないのか。生者の顔にしても死者の顔との緊張関係を孕んでいるものではないのか。

　そして、例えば、こんな風に思索の線が引かれていく。もはや〈おもて〉と〈うらて〉を簡単に切り分けてしまうことはできない。そこで、共通の〈て〉を見つめて考えてみよう。〈かみ‐て〉〈しも‐て〉のように、それは方向付けの意味を含んでいる。〈て〉は、現代フランス思想の基本語と言える、sens（方向、意味、感覚）にもつながるであろうし、espace（はざま）の espacement（かたどり）にもつながるであろう。とするなら、何か根源的な〈て〉に発して、〈おも‐て〉と〈うら‐て〉が分かれてくると見ることができるではないか。いま〈おも‐て〉の方向を辿ってみよう。〈おも〉は、〈おもみ〉や〈おもや〉や〈おもふ〉に通じているだろう。とするなら、顔を考えるにしても、表の顔が分かれてくる根源的なところから考え直して、顔の重み、体の重み、顔を宿す母屋、顔に現われる思考ということについても、日本語に導かれながら考え直し

てみなければならない。

　そこで，例えば，〈われ，おもふ〉（コギト）から線を辿ってみよう。わけても気にかかるのは，日本語にあっては，〈おのれ〉が〈われ〉も〈きみ〉も意味することである。とすると，〈われ〉と〈きみ〉がそこから分かれてくるところの〈原‐人称〉（arch-personne）から考え直してみなければならない。そこは，〈おもて〉と〈うらて〉が分かれてくるところの場面でもあるはずだ。だから，〈われ〉が〈きみ〉を〈おもふ〉という場面についても，〈われ〉が〈もの〉を〈おもふ〉という場面についても，〈まなざし〉などという粗雑な一方向的な言葉によってではなく，表と裏，光と影，身と物，言葉と物が交錯するような言葉，例えば〈おもざし〉という襞に富んだ言葉を通して考え直してみなければならない。

言葉／思考／存在に賭ける

　こんな風に，坂部は思考を展開する。言葉の世界は，「たがいに〈かげ〉となり〈かたち〉となりつつ，〈映し〉〈映り〉あいつつ〈移り〉ゆくたわむれの世界」である。言葉の戯れの世界，言葉遊びの世界である。坂部が強調するところでは，「これがわたしたちの存在の場にほかならない」。言葉の襞や線を辿ることが，そのまま思考であり，そのまま「わたしたちの存在」の有り様であるというのだ。言葉は存在であり，存在は言葉であり，言葉の存在を思考することが，そのまま存在を思考することであるというのだ。

　どうして坂部は，そんな「たわむれ」に賭けるのか。どうして，言葉のゲームをしてわたしたちの存在のゲームにしようとするのか。坂部は，意外にも荒々しい言葉で書き付けている。

　素顔が本物で仮面は贋者であるという信念や感覚，自己同一的な

内面が本当の私であってそれ以外はすべて外面的で皮相的なものにすぎないとする信念や感覚は,「近代という時代そのものの病い」である。「分裂症」や「離人症」は,この近代の病いが昂じた有り様である。この近代は,外面的な覆いを次々と取り去っていけばむき出しの真理を見出せると思い込んでいる。陰影を消し去り,襞を真っ平らにし,過去の重みを忘れ去れば,すべてを明らかにできると思い込んでいる。そんな「歴史の行きつく果て」は,「何の陰影も深みもない死の白々としたあかるみの世界」である。例えば,都会のむき出しの素顔を見ればいい。「水銀灯にくまなく照らされた,大都会の只中の夜の公園」。この「死の白々としたあかるみの世界」こそが,近代の病いと狂いを生み出しているのだ。流行の〈まなざし〉という言葉は,この水銀灯に瓜二つの「どぎつい言葉」でしかない。だからこそ,〈まなざし〉は人を病ませ人を狂わせる。この類の言葉が横行する「時代のあり方をわたしはにくむ」と坂部は書き付けている。そして,「〈かげ〉の部分への生きた感覚を失った文化は,早晩その総体のかたちを失って解体するだろう」と坂部は予言する。あるいは,希望するのだ。

近代にまつろわぬ者

こんな近代文化の時代精神に対して対置されるのが,「仮面の論理と倫理」である。その大まかな線を辿ってみよう。

狂いは,近代の病いである。現実感の喪失,言語の変容,身体の寸断,人格の解体といった一連の症状が,近代の生の感覚の欠如と関係ないはずがない。狂いが近代の病いである限りにおいては,それは「どぎつい」「白々とした」ものでしかない。「早晩その総体のかたちを失って解体する」べきものでしかない。しかし,狂いに

は，狂いにこそ〈かげ〉が宿っている。例えば，何ものかにとりつかれる狂いがある。その何ものかは他者であったりするにしても，その他者は〈おもかげ〉の〈かげ〉のようなものだ。とするなら，狂いにこそ学ばなければならない。「正気の人格と狂気の人格の間に，その構造的な構成契機において，本質的なちがいは，すこしもない」ことを学ばなければならない。

〈わたし〉は，ノーマルに見えても，いつも他者性につきまとわれている。その他者性は，他なる聖なるものであったり，内的とも外的ともつかぬ影であったり，表と入り混じった裏であったり，〈おのれ〉であったり〈ひと〉であったりする，変幻自在な何ものかである。その変幻自在なたわむれを言葉＝存在の真相として思索することができるのなら，〈わたし〉たちは，「真の〈変身〉〈メタモルフォーゼ〉としての，真の〈メタフォル〉としての〈おもて〉の感覚」を「とりもどす」はずだ。そうして，近代に生きる〈わたし〉たちのかすかな狂いと病いを通して，「〈死〉との微妙な緊張関係において生きる真の〈生〉の感覚」を「とりもどす」はずだ。

近代は酷い時代である。近代は，豊かな〈からだ〉を，単なる身体に切り縮めてしまう。そんな仕方で，身体を余すところなく照らし出して支配できると思い込むのだ。それに呼応して，近代は，〈ことば〉も切り縮めて，それを「人間による人間の支配のための道具」と見なすのだ。

「〈からだ〉を，一義的な残りなく〈みずからであるもの〉に還元解消して，何の〈かげ〉もなしにあますところなく意味をくみつくされた現前存在者と（たとえばたんなる「労働力」「オス」「メス」などとして）みなすような社会において，〈ことば〉を残りなく〈意識〉の〈表象〉に解消して，たんに人間による自然の，あるいは人

間による人間の支配のための道具とみなすような社会においては，〈うつつ〉の相関者をなし〈他なるもの〉としてひそかに〈うつし〉，〈うつり〉あうことによってたがいに生かす〈ゆめ〉の部分は消えうせてしまい，〈うつつ〉は〈かげ〉一つないただしらじらと〈しらけ〉た死のあかるみへと解体してしまうことだろう。」

こんな近代は，堅固なように見えても，「人類の文化史上に一つのエピソードとしてあらわれた虚構にすぎない」と坂部は断ずる。別のところへ行かなければならない。別のところとは，予め失われた昔でも，常に先送りされる未来でもない。そうではなくて，いまここでの狂いと病い，いまここでの変わり身，いまここでの夢うつつへと。

「固有性や親密性への一切の郷愁をぬぐって，色あせた夢をふたたび現実へとかかわらせ，仮面と鬼面のほとんど暴力的といってもよい残酷なたわむれとあらわれの方向へ超える道をひらくという課題がわたしたちを待ち受けているはずである。」

坂部の「仮面の論理と倫理」は，決しておとなしいものではない。それは，近代にまつろわぬ者の論理と倫理である。

坂部恵（さかべ・めぐみ，1936-2009）
　カント哲学研究を出発点として，同時期の現代哲学思想を十二分に消化し，他の学問の成果も活かしながら，幅広い分野で活躍した。

参考・関連文献
　『坂部恵集』全5巻（岩波書店，2006-2007年）

マイケル・ウォルツァー

『正義の領分　多元性と平等の擁護』
Spheres of Justice: A defense of Pluralism and Equality, 1983

山口晃訳，而立書房，1999 年

——社会民主主義の臨界——

配分的正義，複合的平等

　ウォルツァーの視角は，明快で単純である。その社会観は，こうだ。「人間の社会は配分をめぐる一つの共同体である」。その正義観は，こうだ。社会正義は，基本的に配分（分配）的正義に尽きる。ところで，事情が複雑になるのは，配分の対象たる財（善）にはさまざまなものがあるからだ。

　「配分的正義という考えは，持つことと同様に在ることとすることに深い関係がある。消費と同様に生産に，土地，資本，個人的所有と同様にアイデンティティと地位に深い関係がある。成員資格，権力，名誉，儀式での高貴さ，神の恵み，親族関係，愛，知識，富，身体的安全，仕事と余暇，報酬と罰，さらに限定された物質的な多数の財——食物，住居，衣服，交通機関，医療，あらゆる種類の日用品，人間が収集する奇妙なすべてのもの（絵画，稀覯本，切手）——これらのさまざまな配分は，さまざまな政治的取り決めによって行われ，さまざまなイデオロギーによって正当化される。そして，この財の多様性は配分に関する手続き，実行者，基準の多様性に対応している。」

だから，ウォルツァーは，多様な財を正しく配分するための基準は，一つではないと強調する。とくに，その基準を市場だけに委ねてはならない。

　「歴史的には，社会的財の配分の最も重要な機構の一つが市場であった。しかし，完全な配分体系というものはこれまで一度もなかったし，今もどこにもない。同様に，すべての配分が管理されうるような単一の決定場所や，単一の意思決定機関があったわけではない。……すべての配分に適した単一の基準はなかった」。だから，配分的正義は多元的でなければならない。「正義の諸原理はそれ自体が多元的な形をしていること。さまざまな社会的財は，さまざまな理由から，さまざまな手続きで，さまざまな実行者によって配分されるべきであること。これらすべての相違は，社会的財自体についてのさまざまな理解から出てくるということ。それは歴史的・文化的な特定主義の避けることのできない産物である」。

　では，多様な財の配分の複数の基準をどう定めるのか。これは比較的簡単だ。第一にそれぞれの財の性質をよく考えること，第二に財の性質に応じて配分の基準を定めること，第三に特定の財での優位性が無根拠に別の財での優越性に転化しないこと。この「専制的使用」が封じられるなら，「複合的平等」が達成されるとウォルツァーは展望する。例えば，貨幣の配分において劣位に立つ者でも，別の財では優位に立ちうるのであれば，また，貨幣の配分において優位に立つ者が，無条件かつ無根拠に別の財でも優位に立つのでなければ，両者は複数の財をまたいで平等である（匹敵する）というのである。

　ともかく，肝心なのは，財の性質に応じて適切な配分基準を探ることである。ウォルツァーは，以下の一連の財について個別の探究

を進めていく。すなわち,「成員資格（メンバーシップ）」,「安全と福祉」,「貨幣と商品」,「公職」,「辛い仕事」,「自由時間」,「教育」,「親族関係と愛情」,「神の恵み」,「承認」,「政治権力」。ここでは,「辛い仕事」についてだけ見ておくことにしよう。

辛い仕事の配分

「女たちが伝統的に行ってきた家事——料理,洗濯,病人と老人の介護——は今日の経済の中での辛い仕事の実質的な部分を構成しており,それに異邦人たちが補充されている。」しかし,「それは部外者に押し付けることもできない。すでに論じてきたことであるが,この種の仕事をする人々は政治的共同体の日常的な生活に非常に密接に結びついているので,彼らが成員として認められないのは正当でない」。だから,辛い仕事を部外者に委ねるなら,その人に成員資格を配分すべきである。仮にそれが嫌なら,辛い仕事はすべて成員内部で配分すべきである。他方で,人間のサーヴィスの機械化は「常に非現実的な解決」にとどまるから,辛い仕事がなくなることを期待することもできない。では,辛い仕事という負の財の配分の基準はどうなるべきだろうか。

「負の財は個々人の間でのみならず,配分諸領域の間でも分散されねばならない。或る負の財は,私たちが福祉国家の費用を分担するのと同じ仕方で分担することができる。また,或る負の財はもし市場の条件がだいたい平等なら,売りそして買うことができる。また,或る負の財は政治的議論と民主的決定が必要である。しかし,こうしたすべての形には一つの共通点がある。その配分が,負の財と性が合わないということである。罰の場合を除いて,これらの配分を,財の社会的意味に適合させることは不可能である。なぜなら

ば，社会的に苛酷な労働をふさわしい形で担う者を選び出せる，民族，性，カースト，個人は存在しないからである。いかなる人も適任ではない。……だから私たちの全員がさまざまな仕方でさまざまな場合に用立てられねばならない。」

　では，最も辛い仕事と目される兵役の（成人男性）平等主義的な配分にならうのだろうか。ウォルツァーは，兵役は基本的に平等主義的に配分されるべきであると示唆している。「兵役は市民が共有することを要求される，あるいはお互いに要求する，辛い仕事の第一のものである」。では，兵役以外の辛い仕事については，どうだろうか。ウォルツァーは，「キブツは負の財を正の財に転換する」点で成功してきたが，それでも「炊事場，食堂における仕事，料理，皿洗い，給仕」を「正の財」に転換することには失敗してきたとする。つまり，それを正の財に転換することが最後まで難しい辛い仕事とは，家事と家事に類する労働であるというのである。

　ウォルツァーの提案はこうである。辛い仕事を正の財に転換するのは基本的に無理である。だから，その辛い仕事を配分される人々が，同時に別の財の配分において優位に立つようにするべきである。例えば，道路清掃や塵芥処理の仕事を考えてみよう。「サンフランシスコ市街清掃者組合」は，労働組合や協同組合を組織し，その中で公共的な名誉ある地位を配分している。それだけでなく，「辛い仕事と他の活動——この場合，「株主たち」の集会，政策をめぐっての討論，役員と新メンバーの選抜——」を結び付けて，経営的に「埋め立て地と海難救助の事業へも仕事を広げ，新規の，そして多様な雇用を（経営的仕事も含め）メンバーに提供してきた」。つまり，別の財での配分において優位に立つ機会を自ら確保することによって，負の財を補填する複合的平等を達成しているのである。ただし，

「仕事が労働組合化されていなかったり，協同組合的に運営されていないところでは，仕事は市民たちによって——象徴的，部分的にではなく，全般的に——分担されるべきである，というのがおそらく一般的なルールであるべきだろう」とウォルツァーは付け加えている。その典型例が，「人間のサーヴィスの領域，病人と老人に提供する介護」である。これについては，兵役にならうのがよいとウォルツァーは示唆している。

「雑役夫と付添人は，制度の中で上司はたまにしか看ない，また一般の人々はぜんぜん看ない，あるいは看たがらない，そのような状態に長時間にわたって対処する。時には世間によって諦められた人々の世話をする（世間は諦めると目をそらす）。低賃金，過労，地位の低さにもかかわらず，彼らは人間を慰める最後の人である。……もしも介護が共有されているのなら——もしも相異なる社会的背景出身の若い男女が雑役夫と付添人を交代で行うのなら——病院，精神病院，老人ホームの内部生活はよいほうに向かって変わるだろう。たぶんこういう種類のことは，介護と親切さのつながりを定めるためには国民のレヴェルでよりも地域のレヴェルで組織化されるのがいちばんよい。」

国家の介入を呼び入れる

このように，ウォルツァーは，複合的平等の実現の主体を，基本的には市民と地域に求めるが，それでも足りない場合には，国家の積極的な介入を求めていく。

「複合的平等はまたあらゆる領域の内側から守られなければならない。資本の専制に抵抗する労働組合によって。自分たちの学校の自律を主張し，狭い政治的（あるいは宗教的）目的に仕えることを

拒否する教師たちによって。患者たちの中でも最も弱い人々を助ける道を探している健康管理の専門家たちによって。「最低線」を指針にするのではなく，また困窮している人々を市場の法則に引き渡すのではない福祉事業の実践者によって。しかしこれらのすべての場合において，国家は最後の拠りどころとなる機関であり，内部での努力が失敗したときは——しばしばそういうことはある——いつも呼び入れられる。この理由から，私は十分に多元化し，非国家主義的な政治のほうを好むが——『正義の領分』が求めているのはそれである——，しかし私は依然，社会民主主義者である。そして，足腰の強い国家と，民主主義的市民性の熱心な理解とにコミットしている。」

　ウォルツァーは，20世紀後半の社会民主主義者の典型である。だから，社会民主主義が，正負の財の配分の何を解決し何を未解決にしているかを問うとき，ウォルツァーを検討することが必要不可欠になる。

マイケル・ウォルツァー（Michael Walzer, 1935-　）
　アクチュアルな問題に自覚的に関与する政治哲学者。ベトナム戦争を念頭に置く『正しい戦争，不正な戦争』（1977）以降も，湾岸戦争，人道的軍事介入の論戦にもコミットしている。

参考・関連文献
　デイヴィッド・バウチャー，ポール・ケリー編『社会正義論の系譜』（飯島昇蔵，佐藤正志ほか訳，ナカニシヤ出版，2002年）
　マーサ・C・ヌスバウムほか『国を愛するということ』（辰巳伸知，能川元一訳，人文書院，2000年）

デイヴィッド・ゴティエ

『合意による道徳』
Morals by Agreement, 1986

小林公訳, 木鐸社, 1999 年

——合理主義的道徳の臨界——

道徳性と合理性と効用

　ゴティエは「道徳言語」を「理性の言語」だけで書くことを目指す。ゴティエにとって,道徳性と理性＝合理性は過不足なく一致する。道徳的であるということは,理性的で合理的であることに等しいというのである。これは俄かには信じ難い立場であるが,多くの倫理学者が採っている立場である。ただしゴティエは,「道徳理論が推奨している義務のすべてが各個人の理性によっても真に是認されること」を合理的に立証することを目指しているので,その「義務」に限定して少しだけ考えておこう。

　交通法規を守ることは義務であると見なされている。人によっては交通法規遵守を道徳的な義務に数え入れないこともあるが,その点は措こう。ともかく交通法規遵守は義務と見なされているとして,それはどうしてであろうか。交通法規に違反すると危険であり不利益になるといった諸理由があげられるだろう。その限りでは,義務の道徳性と合理性と効用利益は一致する。道徳言語を理性の言語で書き換えることができる。ところで,自動車も歩行者も見当たらず,警察官にも監視カメラにも視認されていないのが確実な場合でも,

交通法規を遵守すべき理由があるだろうか。交通法規を破っても危険や不利益が起こるとは予想できず、むしろ破った方が自らの利益になるのが確実な場合でも、交通法規遵守は個人にとって合理的だろうか。この類の問題については多くの議論がなされてきたが、注意すべきは、その問題において、当の個人は、交通法規遵守の義務はそれとして成立していることを認めているということである。つまり、その問題は、交通法規遵守義務が成立した後に、事後的に立てられている問題なのである。ゴティエが立てる問題は、全く違っている。ゴティエは、そもそもどうして交通法規遵守義務が義務として成立しているのか、その起源と系譜を問題にするのである。そして、自己の利益の極大化だけを目標として行動する諸個人が、いかにして「協力」し「合意」して交通法規遵守義務を立ち上げるのかを合理的かつ発生的に説明することをもって、当の義務の道徳性と合理性と効用利益が一致することを立証しようとするのである。

「実践的な理性は利益と連結しており、あるいは後で言及することになるように個人の効用と連結しているのであり、利益追求に対する合理的拘束それ自体も、拘束の対象である利益に基礎を置いているのである。義務は利害関係を無視しはするが、義務を受容することは真に利益になるのである。我々は、一見したところパラドックスにみえるこのことが、人々の相互作用の構造自体に埋め込まれていることを理解するだろう。この構造を我々が理解するに至れば、各個人の自己利益の追求を制限する必要性を認めることになるだろう。」

ここでゴティエも認めているように、義務は利害関係を無視するので、義務成立後は、義務の遂行は個人にとって不利益になることはある。それでも、義務を義務として「受容」することは、精確に

は、義務の発生のプロセスに協力し合意して義務を義務として「受容」することは、個人にとって「真の」利益になる。そのプロセスをゴティエは合理的選択理論によって記述していく。「我々が議論しようと思うのは、複数の可能な行為の間で選択や決定を下すための合理的な原理の中には、各自私的利益を追求する行為者に公平な仕方で拘束を課するようなある種の原理が含まれているということであり、この種の原理を我々は道徳原理として特定化するのである」。それ自体は非道徳的なこの合理的「拘束」が、道徳的な「義務」へと転化していくというのである。

義務の生成論

さて、義務の生成のプロセスを理論化するためには、その起点を定めなければならない。「道徳の諸拘束が全く存在しない」「道徳的に自由な領域」を想定しなければならない。伝統的な社会契約説はそれを自然状態として想定したが、ゴティエはそれを「完全に競争的な市場」として想定する。そして、完全競争市場にはそこでは解決できない問題が伏在するがゆえに、プロセスのスタートが切って落とされるというのである。

「自由放任経済の熱狂的信奉者がそう信じていたようにもし現実世界が完全に競争的な市場だったならば、それは我々にとってより良い場所だっただろう。しかし現実世界はそのようなものではない。そして我々がこれから論ずるように、現実世界が市場ではないからこそ道徳というものが合理的人間の相互作用にとって必要な拘束となるのである。」

まさしく「道徳は市場の失敗から生まれる」のである。では、市場の失敗とは何か。ゴティエは通例の理解に対して、次のことを付

け加える。第一に、市場がうまく働くためには、市場はある「規範」を前提とせざるをえない。例えば「暴力と詐欺の不在」である。ところが、暴力と詐欺を行なわない義務の生成を市場によって説明できないのは明らかである。第二に、一般に市場理論は初期賦存量の分布を任意と見なしており、私的所有の成立についても私的所有量の配分についても特に何も考えていないが、それは「規範的問題」をなすのであって、単なる「所与」と見なして理論的に放置するのは間違えている。これを市場理論によって説明できないのも明らかである。こうして、ゴティエは、「市場の失敗に対する合理的応答」として「協力」と「合意」が生成し、そのプロセスにおいて「合理的拘束」が成立すると論じていく。

「複数の人間が或る一つの結果について合意すべきであり、もし合意されればこの結果は、各人がとるべき行動を決定する一つの共同戦略によって生み出されるとしよう。彼らの合意はどのような条件の下で合理的と言えるだろうか。個人的選択は、それが当人の効用を極大化するかぎりで合理的である。合意ないし協力的選択にも効用極大化に類似のものがあるだろうか。」

この「類似のもの」が、「相対的譲歩のミニマム・マクシマム原理、あるいは相対的譲歩のミニマックス原理」である。そして、ゴティエによるなら、「協力」と「合意」によって個人にも万人にもより多くの利益が期待できるときでも、「協力」と「合意」にはコストがかかるし不利益があるのも明らかであるから、各人は「バーゲンのプロセス」に「能動的に参与する」ことを通して、この相対的譲歩のミニマックス原理にも合意していくことが利にも理にもかなっているのである。

「相対的譲歩のミニマックス原理は合理的合意の基礎となりうる

だけでなく，各人の行動に対する公平な拘束の根拠にもなりうる。そして正義とはこの拘束に従おうとする態度なのである。……協力は，仲間にコストを課して自分だけ利益を得るようなことをしないような人々を拘束する可視的な手であるが，彼らを公平に，しかも万人に利益をもたらすような仕方で拘束する手である。このような拘束は人々の合理的な受容を引き起こす。これが合意による道徳の基底にある考え方である。」

近代倫理の技術的条件

　ここまでの議論をゴティエは実際には相当に精細に展開しており，本書は合理的選択理論を適用する道徳理論の最高の達成になっている。同時に，本書は，過去の道徳理論が義務成立後の事後的な状況で理と利が反するのではないかという問題を立てるに際して提示してきたさまざまな人物形象，すなわち，ホッブズの「愚か者」，ヒュームの「思慮深い悪魔」，ロールズの「ただ乗り者」「寄生者」などについて精彩に富む議論を展開している。その意味でも本書は重要な達成になっている。

　さて，ゴティエの議論全体は，実は市場経済のある技術的条件を前提としている。ゴティエは「協力」が個人の利益も全体の利益も増加させてその不利益を補って余りあるという状況を前提としている。このことは，「幸福の平均的レヴェルを向上させる人々の割合が絶えず増大していくことを可能にする技術」を前提とすることに等しい。ところが，ゴティエも率直に認めているが，医療技術はそのような技術ではないのである。

　「ここでの問題は，かつて生産的活動を行なったことで自分の利得に対するコストを既に支払った老人の保護に関するものではない。

しかし寿命を延ばす様々な治療法には不吉な再分配的な問題が潜在している。主要な問題は障害者の保護である。社会にとって可能などのような生産物も障害者が生産的な生活を送るために必要なサーヴィスを提供しえないときに、そのような生活を障害者が送れるようにすることについて遠回しに語ることは——よく理解できることであるが——誰も直面したくない論点を隠蔽している。」

ゴティエは、この「誰も直面したくない論点」から出発して、ある種の人々は「契約論によって基礎づけられる道徳的諸関係の当事者ではない」と率直に認めている。つまり、本書は、老人・病人・障害者をめぐる論点を契約論的合理主義や産業技術一般によっては捌（さば）くことができないことを率直に認めることを通して、合理性と道徳性を等置する理論の臨界を示しているのである。

デイヴィッド・ゴティエ（David Gothier, 1932- ）

　カナダの政治哲学者。ホッブズ研究者としても有名。本書は、ホッブズ以来の契約論的議論を倫理に適用するものの中で最も有名なものである。

参考・関連文献
　森庸「社会契約としての道徳　D・ゴティエの道徳理論」（『哲學』（慶應義塾大学）第95巻, 1993年）
　ジョン・ロールズ『正義論』（矢島欽次監訳, 紀伊國屋書店, 1979年）

ウィル・キムリッカ

『多文化時代の市民権　マイノリティの権利と自由主義』
Multicultural Citizenship: A Liberal Theory of Minority Rights, 1995

角田猛之, 石山文彦, 山崎康仕訳, 晃洋書房, 1998 年

——リベラリズムの臨界——

民族的マイノリティ

　西洋の自由主義と民主主義は, 民族的マイノリティのことを完全に無視してきた。無視しない場合でも, その問題を全く誤認してきた。キムリッカは, 民族的マイノリティをめぐる問題を参照点にして, これまでの自由主義と民主主義に潜んでいる限界を暴いていく。

　「多様性は, 対立を招きうる一連の重要な問題を生み出している。マイノリティと多数派はますます, 言語権, 地域の自治, 政治的代議制, 教育カリキュラム, 土地権, 移民・帰化政策といった問題に関して, さらには, 国家や公休日の選定といった国家のシンボルをめぐる問題に関してさえ, 衝突を繰り返している。このような問題に対する, 道徳的に擁護可能でしかも政治的に実施可能な解答を発見することは, 今日の民主主義国家に突きつけられた最大の課題である。」

　これほど重要な課題であるにもかかわらず, 西洋はその対応に失敗してきた。キムリッカの批判を列挙していこう。

　① 西洋の政治思想は, 暗黙のうちに「同胞市民が一つの血統, 言語および文化を共有するポリスを理念型として用いてきた」。そ

のために，自国内のマイノリティの存在に全く眼を向けてこなかった。たとえ知覚的に見ていたとしても，同化モデルを強要して同じものとして取り扱うか，同化し切れない場合には，政治的には見えないものとして取り扱って不可視化してきた。

② 第二次大戦後の自由主義者は，「民族」は「私的」な事柄であると考えてきた。「宗教と同じく民族的アイデンティティは，人々が自らの私的生活において自由に表明できるものであるべきだが，国家が関知するものではない」。なるほどマイノリティは「差別と侵害から保護される」べきだが，マイノリティの活動そのものは「純粋に私的なもの」であって，そのことを国家が公的・法的に「援助」したり「確認」したりすべき筋合いにはない。マイノリティ集団そのものに対して，国家が「権利，資源，義務」を直接的に「配分」すべき筋合いにもない。ただし，「積極的差別是正措置」だけは例外とされてきたが，それはあくまで「肌の色を問わない」社会の実現に寄与すると見なされてきたからである。「肌の色」を知覚的に認知しても政治的には不可視化してもよくなる未来が願われてきたからである。要するに，戦後の自由主義においては，マイノリティの多様性は国家・公共・法の次元に浮上して露出してはならないとされてきたのである。ところが，マイノリティの権利請求は，伝統的な人権理論によっては捉えることも掬いとることもできない。

「問題は，伝統的な人権理論がこれらの課題に対して間違った答えを与えているということではない。そうではなく，それがしばしば何の解答も与えていないということが問題なのである。自由な言論への権利は，何が適切な言語政策であるのかを教えてくれるわけではない。政治単位の境界線がいかに引かれるべきか，あるいは，行政のいくつかのレベルの間で権限がいかに分配されるべきかにつ

いて、参政権は何も教えてくれない。移転への権利は、何が適切な移民政策と帰化政策であるのかを教えてくれるわけではない。これらの問題は、各国において多数決という通常の意思決定プロセスにゆだねられてきた。以下で論ずるように、その結果、文化的マイノリティは多数派による重大な権利侵害にさらされてきたし、民族文化上の対立もまた悪化したのである。」

だから、伝統的人権をマイノリティの権利で「補完」すべきなのである。

③ マイノリティ問題については、「同化主義モデル」が放棄されて「寛容で多元主義的な政策」が採用されてきた。それは特に「多文化主義」として主張されてきた。ところが、この多文化主義はどんどん野放図なものになってきた。「多文化」のうちに、「広範囲の非エスニック的社会集団」を含めようとする傾向が目立ってきたのである。とくに「アメリカでは、障害者、同性愛者、女性、労働者階級、無神論者、共産主義者といった集団に対する歴史的な排除の流れに対抗して、これを逆転させようとして行われている様々な努力のことが、「多文化主義的」カリキュラムの擁護者たちによって、しばしば語られている」。何でも文化として語っておけば通りがよくなると思われてきたのである。こうした状況では、多文化主義と言っているだけでは、民族的マイノリティの問題の独自性が消し去られてしまう。だから、民族的マイノリティの活動については、それを「新しい社会運動」から明確に区別して処遇しなければならない。

④ 同時に、民族的マイノリティについては、それを「エスニック集団（自身の民族的共同体を離れ別の社会に移ってきた移民）」からも明確に区別して処遇しなければならない。たしかに、現在、エス

ニック文化権の主張はさまざまな軋轢を生み出している。「たとえば，イギリスのユダヤ人やイスラム教徒は，日曜日の閉店を定めた立法や動物の虐待を禁止する立法の適用除外を求めてきた。カナダのシーク教徒の男性は，ターバンを巻くことができるように，オートバイに乗車する際にヘルメットの装着を義務づける法律や警官の服装規則の適用除外を求めてきた。アメリカ合衆国の正統派ユダヤ教徒は，兵役に就いている間，ヤムルカを着用する権利を求めてきた。また，フランスのイスラム教徒の少女は，チャドルを着ることができるように学校の服装規則の適用除外を求めてきた」。しかし，キムリッカによるなら，このような移民の文化権と，民族的マイノリティの「集団的市民権」(自治権，エスニック文化権，特別代表権)は区別されて処遇されるべきである。前者は文化の次元にとどまる運動だが，後者は文化に加えて法と政治の次元の運動でもあるからである。なお，この論点は，国家や国旗だけではなく，芸術や博物館に対する国家の財政支援の正否にも関わっている。

⑤ 近年の流行論争は次のようなものであった。個人主義／共同体主義，普遍主義／文脈主義，公平主義／差異の政治，合理主義／ポストモダニズム，等々。しかし，これら一連の論争は民族的マイノリティの問題を全く俎上に乗せてこなかった。ひたすら自称文化的マイノリティや移民に配慮するだけで，民族的マイノリティのことを軽視してきたのだ。「マイノリティの権利についての論争は，「共同体」を支援するのが果たして正当かとか，「差異」を承認するのが正当かとかいったことについての論争ではないのである。そうではなく，この論争は，民族的マイノリティが示している特定の種類の文化的差異や共同体を，支持すべきかどうかについての論争なのである」。つまり，多様性の寛容や差異の承認が問題なのではな

く、特定の民族的マイノリティを集団として公的・法的に「支持」するかどうかが問題なのである。

⑥ 西洋国家は、法の支配と民主主義を完成させるなら、やがて民族文化や民族的連帯を基盤とする集団的運動は消えてなくなるだろうと予想してきた。そして、普遍的人類愛と普遍主義的倫理を完成させるなら、他者に対する偏狭な態度は消えてなくなるだろうと期待してきた。また、外国からの内政干渉がなくなりさえすれば、自国内の民族対立は鎮まるはずだと思ってきた。しかし、これらの「予言」や「希望的観測」はすべて誤りであった。「民主主義化や経済的繁栄、そして寛容が相当程度に達成されるということと、民族文化に依拠してより多くの人々を動員するということが、手を携えて進行してきたのである」。

マイナーな有象無象とメジャーな帝国に対して

以上のように、キムリッカは、民族マイノリティを参照点として西洋政治思想の核心部分を批判するのだが、それでもキムリッカは自己の立場を「自由主義」に数え入れている。そこには何か際どいものが潜んでいる。キムリッカの表向きの目的は、カナダにおける民族的マイノリティの集団的権利をモデルとして、それだけをモデルとして西洋諸国に向かって打ち出すために、それと混同されがちな移民の運動や文化的マイノリティの運動から一線を画しておくことに置かれている。同時に、その一線は、普遍主義的人道主義的介入に対しても引かれていることに注意しておきたい。「ある政府が自国の市民の権利を侵害しているのを見つけたら、いつどこであろうと強制力をもって干渉できるなどという権能は、端的に言って、いかなる個人や国家といえども、人権の国際的擁護者を自称して手

にできるようなものではないのである」。

　自由主義が常にそうであるように，キムリッカもまた，「自由」と「権利」の名の下に，〈行儀のよい〉集団と〈まつろわぬ〉集団を切り分けたいのである。実は，そのことは，かえってポジティヴな達成であるとも評することができる。現在の有象無象が乗り越えるべき指標を，あるいは，普遍主義的人道的介入と集団主義的権利モデルが対立する指標を示してくれているからである。

ウィル・キムリッカ（Will Kymlicka, 1962- ）
　カナダの政治哲学者。「リベラリズム」という語は，昔も今も曖昧な言葉である。現代では漠然と「リベラリズム」が主流をなしていると思われているので，多くの人は，「リベラリスト」を標榜しながら「リベラリズム」の改良や批判を通してのし上がろうとする。それは丁度，昔の「キリスト教」という語の機能と瓜二つである。昔は，よほどのへそ曲がり（「無神論者」や「不信仰者」や「異教徒」）以外は，誰もが「キリスト教徒」であり，宗教的議論を通してのし上がろうとしていたのである。面白いのは，だからこそ，その中で，主流派の臨界に触れる論者が出てくることである。

参考・関連文献
　W・キムリッカ『新版　現代政治理論』（千葉眞ほか訳，日本経済評論社，2005年）
　井上達夫『普遍の再生』（岩波書店，2003年）
　チャールズ・テイラー『マルチカルチュラリズム』（佐々木毅ほか訳，岩波書店，1996年）

第7部

倫理の超越

　当たり前のことだが，倫理がすべてではない。倫理が広く政治・経済・社会にかかわるとしても，倫理的なものですべてが尽きるわけではない。倫理的なものを超越するもの，倫理的なものの外なるものが厳然として存在する。

　難しいのは，倫理の内側から，その外なるものに向かうこと，しかも可能な限り倫理的に向かうことが，どのような倫理になるのかということである。仮に人間の思考と行動が真善美にかかわるとして，また，倫理学はとりわけ善にかかわるとして，そのとき倫理からするなら，真と美はどのように現われてくるのか，真と美にどのように倫理的にアプローチするのかということである。

　あるいは，こうも言える。伝統的に，倫理的なものの外なるものは，自然的なもの，宗教的なもの，場合によっては論理的なものと見なされてきた。このとき，倫理の方から，自然・宗教・論理に対してどのように倫理的にアプローチするのか，自然・宗教・論理はどのように倫理的に迫って来るのかということが考えられてきた。

　倫理がすべてでないのは自明だが，すべてを倫理的に考えるときに，すべてがどのように倫理的に現われるのか。このことは，いかに生きて死ぬ（べき）かという問いに直結する。

マルティン・ルター

『奴隷的意志』
De servo arbtrio, 1525

山内宣訳『世界の名著23』，中央公論社，1979年

―― 自由と運命 ――

自由意志論は重要か

どうして人間に自由意志があるのかないのかという問題は重要なのだろうか。ひょっとしたら，それは無益で無用な問題にすぎないかもしれないではないか。

まず，自由意志とは，何でも行なえる能力ではないことを確認しておこう。実際，人間は何でも行なうことなどできはしないし，何でも自由に意志することもできはしない。次に，自由意志については，それが善悪にかかわる限りで考察することにしよう。このとき，自由意志とは，善悪を識別する能力であり，その識別にもとづいて善か悪を選択する能力であり，その選択にもとづいて善か悪を実行する能力である。では，人間には，このような自由意志があるだろうか。そして，どうしてこの問題は重要なのだろうか。

ルターの論敵であるエラスムスをはじめとして，ほとんどの人は，人間には自由意志があると思っている。動物には自由意志はないが人間だけには自由意志があって，それが人間の偉大さを示しているなどと思っている。いま，赤信号で道路を渡ってはならないとする交通法規を考えてみよう。この法規は，善なる行為を命じていると

しよう。このとき、ほとんどの人は、自分はその命令に従うことも従わないこともできると考える。むしろ逆に、交通法規の命令が殊更に制定されるのは、人間が命令に自由に従うか従わないかを選択して行動できるということを前提としているからであると考える。そもそも命令は、命令される人間が自由であることを前提としているから、命令が制定された後にも、依然として人間は自由であると考える。だからこそ、ほとんどの人は、善悪にかかわる命令を受けても、自由に善悪を識別し選択し行動できると思い続ける。

しかし、ルターからするなら、このような考え方は「弁証論的虚構」なのである。ルターの議論は多岐にわたるが、いくつか抜き出して赤信号の例に応用してみよう。

第一に、自由意志論者は、命令を前にしての自由のことを、命令へと「自分自身を適応させる」ことか、あるいは、命令から「身をひるがえす」ことの選択としてしか捉えていない。つまり、自由と命令の内容たる善とを切り離している。第二に、自由意志論者が、善の命令を前にしての自由を証しようとするなら、善の命令へと適応することを殊更に自由とは言い難いので、善の命令から身をひるがえすことによってしか、すなわち、悪を選択して実行することによってしか証することができなくなる。自由意志論者が、赤信号を見て渡らずに立ち止まるとせよ。これは自由を証するどころか、命令への服従を証するにすぎない。自由を証するには、法規に違反して渡って見せなくてはならなくなる。アウグスティヌスが指摘するように、自由意志論者の自由は、「罪を犯すこと以外のことには役立たないのである」。第三に、自由意志論者は、自分の自由な力を過大評価して過信している。ほとんどの人は赤信号を見たら立ち止まるが、その際に、殊更に自由意志を行使することなどなく、ただ

習慣的に服従しているはずである。赤信号を見ながら渡る人にしても，一般に交通法規に違反する人にしても，殊更に自由意志を行使して悪を選択して実行しているわけでもない。ほとんどの人は，状況や情動に大いに動かされて悪を為しているだけである。人間の自由の持ち分は，自由意志論者が思っているより遙かに小さいのである。ロンバルドゥスが指摘するように，状況からの「恩恵が臨在すれば」人間は善を選択し，その「恩恵を欠けば」人間は悪を選択するようになっていると言うべきである。このように，ルターからするなら，事が善悪にかかわるときにも，自由意志論者が「善悪にかかわりのない絶対意欲なる中間物がありうる」と思い込むことこそ，「弁証論的虚構」「夢想」にすぎないのである。

死を前にして自由意志は虚しい

自由意志と善悪の関係についてのこの認識を，宗教的なことへと引き上げてみよう。キリスト教の神は，人間に対して死後の救済を「約束」している。そして，キリスト教の神は，人間に対して「神を愛せよ」と「命令」している。この命令を前にするとき，人間の自由の力はどれほどのものであるのか，また，神の力はどれほどのものであるのかを知ることは，「自己認識」と「神認識と神の栄光」にとって決定的に重要な問題になる。

さて，死後の救済は，それがどのようなことであるにしても，宗教的な人間にとっては最高の善である。ところで，宗教的な人間も非宗教的な人間も必ず死ぬことになっている。まるで「死ね」という命令を人間は前にしているかのようである。そして，宗教的な人間にとってだけではなく非宗教的な人間にとっても，死ぬことや死んだまま永遠に無になることは最大の悪であると一応は言えるだろ

う。ところで，いかに人間が自由であっても，いかに人間に自由の力があっても，人間は死なないで生き続けることはできないし，死んだ後になって自らを救い出すこともできない。すると，どういうことになるのか。非宗教的な自由意志論者は，「死ね」という命令を前にしている。仮に死が善きことであるとするなら，その自由意志論者が自らの自由を証するためには，死なないことを選択して実行して見せなければならない。しかし，そんなことは人間にはできない。この場合，自由は虚しいのである。仮に死が悪しきことであるとするなら，その自由意志論者が自らの自由を証するためには，死なないことを選択して実行できないことに変わりはないので，今度はあえて悪しきことを選択して実行して見せなければならない。しかし，それは死の宿命に服しただけのことであって，この場合も自由は虚しいのである。「この電撃によって，自由意志は徹底的に打ちのめされ打ち砕かれるであろう」。これに対して，宗教的な人間の状況はどうなっているだろうか。宗教的な人間は，「死ね」という命令と「神を愛せよ」という命令を前にしている。ここで重要な問題は，どちらの命令に服従するかということである。死を前にして肝心になるのは，自分の力を過信する自由意志論などではなく，自分すべてを何かに委ねてしまう奴隷的意志なのである。

運命の奴隷として

　宗教的な人間は，もちろん「死ね」という命令には服従する。死は人間の宿命であって，服従せざるをえないことをそのまま認める。と同時に，宗教的な人間は，「神を愛せよ」という命令にもひたすら服従する。どうしてか。その神が死後の救済を「約束」しているからである。ところが，仮に宗教的な人間が，死後の救済の約束を

当てにしているからということで神を愛するのであれば，条件付きで神を愛することになってしまう。ひいては救済の約束を信じて神を愛することを自由に選択して実行することに対する報償として救済を受け取ると考えることになってしまう。そんなことでは，宗教的な人間は，自由意志論者になってしまう。ルターは，何としてでもそれを避けようとする。どうしてか。信仰について，それを自由に選択できることと捉えてしまうと信仰の堅固さが失われるからである。しかし，もっと本質的には，死の運命を前にして自由意志は徹底的に虚しいからである。それこそが「電撃」なのである。そこでルターは，何をどう考えればそうなるのか，驚くべきことに，ひたすら神の命令に服従して神を愛する人間にしても，救済の約束は果たされないかもしれないのだと仄(ほの)めかすのである。

　神は，死後の救済を約束し，神を信じて愛することを命令する。その神は，一切を決定し予見している。神は，誰が神を信じて愛するかを決定し予見している。また，神は，誰を死後に救済するかを決定して予見している。一切が既に決められている。いわゆる予定説である。ここにこそ「神の秘密」がある。「常識や自然的理性を極度につまずかせる」「絶望の深淵，奈落の底」がある。「残酷」な「神の義」がある。これを前にするとき，繰り返すが，自由意志の一切は虚しくなる。死後に救い出されるために自由に行なえることは何一つなくなるからだ。では，神の約束を信じて神を愛することも虚しくはならないのだろうか。ある意味では虚しくなる。善行をいくら積んだところで，教会に何度通ったところで，あるいは逆に，悪行をいかに重ねたところで，教会に決然として背を向けたところで，救済されるか否かは決まっているからだ。しかし，ある意味では虚しくはならない。虚しくなりようがないのだ。どうしてか。

第7部　倫理の超越

　人間は必ず死ぬ。それでも，人間は死なないことを願わずにはおられない。では，死を前にして，死ぬことを受け入れながらも，死にたくはないというその願いは，何を願っていることになるのか。不死や永生を願っているのでも，回復や若返りを願っているのでもないとしておこう。ともかく，その願いは，人間の条件に根ざしたリアルなものであると認めよう。では，その願いをどう言い表わせばよいだろうか。これこそが重要な問いなのだが，宗教者は，その願いを死後の何らかの救済の願いとして言い表わす。これを認めておくなら，死の運命に奴隷的に服従することが，神の救済の約束を奴隷的に信じて神の命令に奴隷的に服することと重なって現われてくる。それこそが信仰の秘密であるわけだが，だからこそ，ルターは断固として自由意志を廃して奴隷的意志を擁護するのである。いずれにしても，ここは自由意志論の出る幕ではないのである。

マルティン・ルター（Martin Luther, 1483-1546）
　ドイツの宗教改革者として余りにも有名。その神学論文は，予定説をはじめ極めて示唆に富むものであり，宗教を離れても大きな影響を後世に与えた。

参考・関連文献
　清水哲郎「ルター」（『哲学の歴史　第4巻』伊藤博明編，中央公論新社，2007年）
　エリク・H・エリクソン『青年ルター』全2巻（西平直訳，みすず書房，2002-2003年）
　金子晴勇『宗教改革の精神　ルターとエラスムスの思想対決』（講談社学術文庫，2001年）
　松浦純『十字架と薔薇　知られざるルター』（岩波書店，1994年）

ゴットフリート・ヴィルヘルム・ライプニッツ

『弁神論 神の善意, 人間の自由, 悪の起源』
Essais de Théodicée sur la Bonté de Dieu, la Liberté de l'Homme et l'Origine du Mal, 1710

佐々木能章訳『ライプニッツ著作集6・7』, 工作舎, 1990／1991年

――善と悪――

悪なき世界は善き世界か

　苦痛のない世界, 犯罪のない世界, 戦争のない世界を夢みる人がいる。もちろん, そんな世界を夢みることはできる。「たしかに, 罪も不幸もないような可能的世界を思い描くことはできる」。しかし, とライプニッツは続ける。悪なき可能的世界に含まれる善の量とこの現実的世界に含まれる善の量を比べてみて, はたして前者が後者より優っているなどと言えるであろうか。もしかしたら, 前者が後者より劣っているかもしれないではないか。たしかに, ユートピア, 天国, 浄土, 涅槃, 彼岸には悪はないかもしれないが, 「その世界そのものがわれわれの世界よりも善の点で劣るということもあろう」。

　実際, 夢みられる世界の内容はひどく貧しいものである。そこには善しかない。同じ善きことや同じ善きものが, ただただ繰り返される。代わり映えのない, ひたすら静穏な世界だ。「書斎に千冊ものウェルギリウスを束ねて置いておくこと, オペラ『カドミュスとエルミオーネ』のアリアだけを歌って明け暮れること, 磁器を全部

壊して金製のカップだけを用いること、ダイヤモンド製のボタンだけをつけること、ヤマウズラしか食べないこと、ハンガリーのワインかシラズのワインしか飲まないこと、こうしたことが理性的と言えようか」。

　これに対して、「われわれの世界」では、しばしば、悪が善を生み出すことや、悪なくしては善に達しないことや、二つの悪が一つの大きな善をもたらすことがある。総じて、「われわれの世界」では、悪があることによって、より大きな善が生み出されるようになっている。とすれば、大事なことは、此処にはない何処かの世界をイマジンすることではなく、今此処にある世界における善悪の「事物の連鎖」について考えることである。どうして今此処にある世界においては、そんな「事物の連鎖」が成立しているのかについて考えることである。とくに、「われわれの世界」には厳然として悪が存在しており、「われわれの世界」は悪の存在を「容認」しているからには、その「容認」の理由について考えることである。

善悪の連鎖

　ライプニッツの議論には複数の水準が混在しているので、低い水準から高い水準に向かってその議論を辿ってみることにしよう。
　① 戦争は道徳的な悪である。戦争には正義の戦争があるかもしれないが、その場合でも、少なくとも戦時の無差別大量虐殺は道徳的な悪であり、戦争犯罪とも呼称される悪である。ところが、ライプニッツは、その無差別大量虐殺についても、ある種の「事物の連鎖」を指摘してみせる。「私は、人が時に町全体を破壊し住民を刃にかけるのは他の者への恐怖を与えるためであるということを知っている。これは、大きな戦争や叛乱を小規模のものとし、流血の拡

大を流血でもって防ぐことに役立ち得る」。ときに人々は，悪を行なうことでもって，より大きな悪の発生を未然に防ぐことをする。人々が行なう悪は，悪の減少すなわち善の増加に有用なことがある。少なくとも「われわれの世界」では，「事物の連鎖」を見計らって無差別大量虐殺が，最悪の災厄を回避するための凡庸な悪として行なわれている。そして，「われわれの世界」での「事物の連鎖」は，その見計らいを含めて，そうなっている。

② 人間は生物としては不完全である。例えば，空を飛ぶ能力を欠いている。その不完全性は，形而上学的な悪であると言われている。では，その不完全性がなくなって，人間に羽が生えて人間がより完全なものになる方が善いのであろうか。そうであるとしよう。しかし，同じことは，人間よりも不完全であるとされるすべての生物についても言えるはずである。人間が完全な生物になる方が善いのであるなら，猿や樫や菌も同じく完全な生物にのし上がる方が善いはずである。となると，樫や菌はいざ知らず，猿も人間を追いかけて，羽のある猿になる方が善いことになる。となると，動物種の差異が消えて，動物は等しく羽を持つ方が善いことになる。そのとき，鳥はどうするだろうか。ともかく，明らかに，この考え方は馬鹿げている。例えば，すべての生物種が同じく完全なものになってしまったなら，生物は，食べるべき生物を喪って滅んでしまうことだろう。だから，多様な完全性の度合いを持つ多様な生物が，生かし合い殺し合いながら生きている世界の方が善いと言うべきだろう。だから，この宇宙が最善のものであるとするなら，「地球の住人に劣らず理性的な住人が住んでいる」天体が無数にあると認めなければならないだろう。人間は，無数の多様な生物の階梯において，きわめて低い位置を占めているだけかもしれない。

③ それでも，苦痛という物理的で身体的な悪についてなら，それがない世界の方が善いと言えないのだろうか。苦痛は徹底的に無意味で無益であって，およそ善を生み出すようにはなっていないのではないか。実は，ライプニッツは，この悪についてはあまり論じていないのであるが，こんなことを書いている。「神は，もし身体の切断が魂の快感によって表現されるようにしようと欲したのなら，必ずやその切断そのものが身体に何らかの完全性を与え，ちょうど重荷をおろし軛(くびき)から脱するときのような新たな解放感を身体に与えるはずである。しかし，このような有機的身体は，たとえあり得るとしても，われわれの地球の上には見出せない」。だから，身体を切断したとき快感を感ずる生物が可能なら，この宇宙の無数の天体の何処かで現に生きていると考えるべきである。そして，身体を切断したとき苦痛を感ずるように人間がなっているということは，そのこと自体が人間の身体にとっても地球上の生物の秩序にとっても善いことであると考えるべきである。このように考えるなら，身体を切断して痛くなるというそのことは，人間個人にとっては善が入り混じった悪であることになるし，より広い見地からは端的に善であることになる。「これはちょうど，建築での配置に際してさほどに良くない石を用いるのと同じである。その石はある一定の空間を埋めるということがわかったから用いられたのである」。

病苦に対する態度

このようにライプニッツは，全宇宙の事物の連鎖を引き合いに出すことによって悪と善の複雑な絡み合いを見出し，全宇宙の建築に悪を位置付けることによって悪に見えるものを善に転じていくが，はたしてこの類の認識は，現に各種の悪に苦しまざるをえない人間

に何をもたらすであろうか。ライプニッツは，多彩な議論を繰り出しているが，未来の必然性の議論を見ておくことにしよう。

　神は，全宇宙の計画者であり建築者である。だから，神は，宇宙に起こることのすべてを知っている。だから，宇宙に起こることについては，それがどんなに小さな出来事であっても，その結末は予め決まっている。例えば，あなたが病気になったとき，その将来の結末は既に決まっている。しかも，そのことは最善の計画の最善の結末として決まっている。このとき，あなたは自らの病苦に対していかなる態度をとるべきだろうか。

　ここで問われていることは，未来の必然性を前にして，いかなる行動を為すのかということよりは，いかなる態度をとるのかということである。というのは，あなたが病気になってからどんな行動を為そうと，それがいかなる結果を生み出すかは既に決まっているからである。未来の必然性に対する認識を持っていようが持っていまいが，あなたは何ごとかを為すであろうが，そのように為すということもその効果や結果も既に決まっているからである。このことは，あなたが何ごとかを為すことを多少は虚しくするかもしれないが，そうであっても，あなたは何ごとかを為さずには済ませられないであろうし，そこで再び，何を為すかもその結末も既に決まっていることになって，同じ繰り返しになる。要するに，未来の必然性を前にしての行動の選択の問題は，空回りする。その上で問われるのが，態度のことなのである。

　ライプニッツは，ただ冷徹に諦観する態度も，何とかして平静を保つ態度も推奨しない。というのは，あなたが自己の病気と行動に対して諦観したり平静であったりするときには，あなたは，自己の病気と行動が含まれている全宇宙の事物の連鎖を，たんに抗し難く

冷酷な運命と見なしていることになるからである。また、全宇宙の建築者である神のことを、専制的な暴君と見なしていることになるからである。そこでライプニッツが推奨する態度は、この最善なる宇宙の建築者たる神のことを「われわれの髪の毛一本に至るまで蔑(ないがし)ろにしないほどすべてを配慮している」「良き主人」と見なす態度である。病気に苦しむあなたは、全宇宙の建築に用いられている「さほど良くない石」であるが、「良き主人」は、そのあなたの存在を、「星々の領域の彼方の広大な空間」へと流れ込んで行く「完全な域に達した極めて幸福な被造物」と「連鎖」させている。そのことを喜ぶ態度を身につけるべきだというのである。それができるのなら、少なくともあなたは、いかなる苦痛のときにあっても、あれこれの可能的世界へと、実はそれはすべて「暗黒の世界」なのだが、何処にもない何処かへと駆り立てられることだけはなくなるだろう。

ゴットフリート・ヴィルヘルム・ライプニッツ（Gottfried Wilhelm Leibniz, 1646-1716）

　数学、論理学、自然科学、法学などでも重要な業績を残し、万能の天才と称される哲学者である。『弁神論（神義論）』は当時のヨーロッパの基本的教養書として扱われ、啓蒙主義の大きな契機となった。

参考・関連文献
　エルンスト・カッシーラー『啓蒙主義の哲学』全2巻（中野好之訳、ちくま学芸文庫、2003年）
　ジル・ドゥルーズ『襞』（宇野邦一訳、河出書房新社、1998年）
　ピエール・ベール『歴史批評辞典』全3巻（野沢協訳、法政大学出版局、1982-1987年）
　山本信『ライプニッツ哲学研究』（東京大学出版会、1953年）

セーレン・キルケゴール

『おそれとおののき』
FRYGT OG BÆVEN, 1843

桝田啓三郎訳『筑摩世界文学大系 32』，筑摩書房，1973 年

——倫理の停止——

殺人命令

　人を殺してもよい場合があるだろうか。人を殺すべき場合があるだろうか。宗教的な神話や物語には，神が人を殺すことを命ずるものがある。例えば，『創世記』のアブラハムの物語である。キルケゴールはそれを何回か語り直しているが，いまは『創世記』の当該箇所を引用するにとどめておく。

　「神はアブラハムを試みて彼に言われた，「アブラハムよ」。彼は言った，「ここにおります」。神は言われた，「あなたの子，あなたの愛するひとり子イサクを連れてモリヤの地に行き，わたしが示す山で彼を燔祭（はんさい）として捧げなさい」。アブラハムは朝はやく起きて，ろばにくらを置き，ふたりの若者と，その子イサクを連れ，また燔祭のたきぎを割り，立って神が示された所に出かけた。三日目に，アブラハムは目をあげて，はるかにその場所を見た。……アブラハムは燔祭のたきぎを取って，その子イサクに負わせ，手に火と刃物とを執って，ふたり一緒に行った。やがてイサクは父アブラハムに言った，「父よ」。彼は答えた，「子よ，わたしはここにいます」。イサクは言った，「火とたきぎはありますが，燔祭の小羊はどこにあ

りますか」。アブラハムは言った，「子よ，神みずから燔祭の小羊を備えてくださるであろう」。こうしてふたりは一緒に行った。彼らが神の示された場所にきたとき，アブラハムはそこに祭壇を築き，たきぎを並べ，その子イサクを縛って祭壇のたきぎの上に載せた。そしてアブラハムが手を差し伸べ，刃物を執ってその子を殺そうとした時，主の使が天から彼を呼んで言った，「アブラハムよ，アブラハムよ」。彼は答えた，「はい，ここにおります」。み使が言った，「わらべを手にかけてはならない。また何も彼にしてはならない。あなたの子，あなたのひとり子さえ，わたしのために惜しまないので，あなたが神を恐れる者であることをわたしは今知った」。この時アブラハムが目をあげて見ると，うしろに，角をやぶに掛けている一頭の雄羊がいた。アブラハムは行ってその雄羊を捕え，それをその子のかわりに燔祭としてささげた。」(『創世記』第二十二章)

　ここに「燔祭として捧げる」とは，宗教的な粉飾をはぎとって見るなら，人を殺すことでもある。だから，文献解釈の上で若干の議論の余地はあるものの，神はアブラハムに殺人を命じてもいる。この物語は，「殺人をさえ神の心にかなった神聖な行為とすることができる」場合があるとしている。そして，キルケゴールも，神が殺人を命じていると認める。では，ここで何と言うべきか。

倫理でもって安心すること
　この世では，実に多くの殺人が現に許されているし命じられていることを改めて確認しておこう。戦争，死刑，安楽死，中絶は殺人である。これらは倫理的（法律的・政治的）に正当化され合理化され容認されている。もちろん宗教的にも正当化され容認されている。注意すべきは，そのことに異論が唱えられることはあっても，それ

は基本的には倫理的（法律的・政治的）な範囲にとどまっている。その際，宗教的な次元は非合理的なこととして放置してしまう。われわれは，殺人の善し悪しを論ずるとき，いつも倫理的（法律的・政治的）な範囲で済ませている。その範囲内にとどまって，それで安心している。つまり，宗教的な次元は放置して構わないと，それが倫理的（法律的・政治的）なものを危うくさせることはないと安心している。その安心の根拠はこうなっている。

「倫理的なものは，倫理的なものである以上，普遍的なものであり，普遍的なものである以上，すべての人に妥当するものである。……倫理的なものは，自己自身のうちに内在的にとどまっており，自己の目的（テロス）ともいうべきものをなんら自己の外に有せず，それ自身が，自己を自己の外に有する一切のものにとってテロスである。そして倫理的なものがテロスを自己のうちにかくまっている以上，倫理的なものはその先へ進むことがない。」

人々は，アブラハムの振る舞いが倫理的に善いか悪いかを決めれば片が付くと思って安心する。アブラハムにも倫理的なものは妥当するに決まっていて，アブラハムのケースが例外をなすかもしれぬとは決して考えない。こうして，人々は「その先へ進むことがない」。ところが，倫理的なものを停止してしまう「その先」があるとしたら，どうであろうか。

倫理のその先

アブラハムの物語において，神は，殺人を倫理的に正当化して命じているのではない。「民族を救うためでもなく，国家の理念を主張するためでもなく，また怒れる神を宥めるためでもなく」，殺人＝燔祭を命じている。「その先」から，倫理的なものを越えて，命

じているのだ。ここで何と言うべきか。

　キルケゴールは，アブラハムに「狂気の姿」を見ている。そう見ておいた方が，事態ははっきりする。たしかに，アブラハムは狂っている。アブラハムは，殺人命令を，しかも独り息子を殺せとの命令を幻聴してそれに従う。アブラハムは，倫理的なものなど構うことなく「その先」へ進んで，倫理的なものを超越する絶対者からの命令を幻聴してそれを信じて行なう。だから，キルケゴールが言うように，二つに一つである。「倫理的なものが最高のものでなくなるか，それとも，アブラハムはむなしいか，そのいずれかである」。言いかえるなら，殺人において，倫理的なものがすべてか，それとも，肯定せざるをえない狂いがあるか，そのいずれかである。

　ところで，この物語を別の方向で読んでみることも十分に可能である。キルケゴールもいくつか試しているが，二つほど拾っておこう。① アブラハムに内面的葛藤を読み込む方向がありうる。アブラハムが，殺人命令を受けて思い悩むとしよう。その逡巡の果てに，「その先」へ進んで決断して実行するとしよう。それは，あえて殺すか，あえて殺さないかのどちらかになる。そのとき，いずれにしても，アブラハムは「悲劇的英雄」として讃えられる。よくある話だ。しかし，キルケゴールは，その読解の方向は「アブラハムの廉価版を売りに出す」ことにしかならないとして退ける。そして，世間の人々は好んで廉価版を売り出しておきながら「誰も彼もが同じようなことをしようとするのを阻止しようとする」わけだが，キルケゴールはそれこそ「笑うべきことである」と書き付けている。戦争や中絶や安楽死をめぐる世間の殺人談義のほとんどは，この類である。② 同じくアブラハムに内面的葛藤を読み込むが，今度は，逡巡に耐えかねてアブラハムが自らを殺して自らをいわば燔祭とし

て捧げる結末を想像してみる方向がありうる。この自己犠牲は、倫理的逡巡からの逃避であるから倫理的には諒解できないとしても、それは美しく気高いことであるからには「美的」には諒解できることであろう。滅多にない話であるだけに、すこし心惹かれる筋である。しかし、キルケゴールは、こんな方向も退ける。この場合、信仰の人であるアブラハムが、神がそう命じたなら、イサクの身代わりとして自己を燔祭として捧げることは容易だったはずだからである。しかし、神の命令はそうではなかった。とするなら、アブラハムは、「この世に生きるために」殺人命令に従ったのだと解するべきである。アブラハムは、殺人して生きなければならないのであって、自己犠牲的献身の道は閉ざされている。こうして、倫理的なものの「その先」は、悲劇的なものでも美的なものでもなくなる。

　総じて、アブラハムの物語は三つの問題を突き付けている。第一に「倫理的なものの目的論的停止は存在するか？」、第二に「神に対する絶対的義務というものが存在するか？」、第三に「アブラハムは倫理的に責任を問われるべきであったか？」。ここには、「人を眠れなくすることのできる不安がある」。では、何と言うべきか。

狂気の希望

　キルケゴールによるなら、アブラハムには「狂気の姿をした希望」がある。アブラハムは狂っている。ところが、黙って殺人に向かうアブラハムには、「信仰の運動」「信仰の勇気」「信仰の歓び」がある。倫理と悲劇と美を超越する「高いテロス」に向かう「情熱」がある。現代に欠けている何ものかがあるのだ。アブラハムの振る舞いは狂っており「純粋に私的な企て」であるからこそ、そこには「純粋に個人的な徳による偉大さ」がある。このアブラハムは、

社会的に危険な人物であろうか。アブラハムに対して「浅はかな」批難や讃辞が繰り出されるようでは、アブラハムは単なる危険人物に切り縮められてしまうだろう。しかし、アブラハムは、危険人物であるというよりは、「おそれとおののき」を喚起する人物なのだ。浅はかな時代精神、例えば戦争テロリズムと宗教テロリズムをめぐる時代精神の総体を「停止」させて「その先」へ進んでいるからこそ、人々に「おそれとおののき」を喚起する人物なのだ。

キルケゴールは、三つの問題に対して最終解答を出してはいない。「アブラハムがむなしい」可能性を否定していない。むしろ「むなしい」と思っている節がある。それでも、キルケゴールはこう書いている。「信仰の騎士が住んでいるところがわかったとしたら」、「倫理的なものが停止された個別者は、いったいどのような生き方をするのであろうか」という問いを携えて、「わたしはすぐに彼のところへ駆けつけるだろう」と。

セーレン・キルケゴール（Søren Aabye Kierkegaard, 1813-1855）

　かつて実存主義ブームのときには随分と読まれていた。その後、この『おそれとおののき』や『反復』などが現代的な観点から読み直されてきた。デンマーク語原典からの翻訳全集の刊行も進行中であり、もっと読まれて然るべき作家である。

参考・関連文献
ジャック・デリダ『死を与える』（廣瀬浩司、林好雄訳、ちくま学芸文庫、2004年）
岩田靖夫『神なき時代の神』（岩波書店、2001年）
エマニュエル・レヴィナス『固有名』（合田正人訳、みすず書房、1994年）

スラヴォイ・ジジェク

『厄介なる主体　政治的存在論の空虚な中心 1・2』
The Ticklish Subject: the absent centre of political ontology, 1999

鈴木俊弘，増田久美子訳，青土社，2005／2007 年

――決断と行動――

誰にも聞いてもらえないこと

　ジジェクは，孤独な思想家である。ジジェクは，あらゆる潮流に異を唱えるからだ。ときに口汚く罵倒するからだ。曰く，リベラリズムも共同体主義もダメだ。差異の政治も分配の政治もダメだ。マルチカルチュラリズムはレイシズムとつるんでおり，最低だ。文化左翼が事態をダメにした。ネオナチはその鬼子でしかない。近代主義もポストモダニズムもダメだ。カントの凄みもわからず，近代主義などとよく言えたものだ。ポストモダニストなど，後期資本主義のお伽衆でしかない。フェミニズムもダメだ。バトラーにしてから，ラカンを読めてすらいない。人権外交も人道支援も人道介入もお為ごかしだ。こんな具合だから，誰にも聞いてもらえないのは当然である。

　ジジェクが褒めるものといえば，現代人の趣味や感性を逆撫でするものばかりだ。曰く，徹底した原理主義者の方が，よほど志操が高い。自爆テロリストこそ高潔で勇敢だ。世界の軍人はその前に頭を垂れるがよい。真の反動やポピュリストの方が，決断力と行動力に溢れている。正しく人を殺す根性を持ち合わせている。身を犠牲

第7部　倫理の超越

にして直ちに救済に駆けつける俊敏性を持ち合わせている。世界の政治家と人道家はその前に自らを恥じるがよい。狂信者や独断主義者の方が、はるかに倫理的だ。最悪の状況に追い詰められても、希望などと軽々と口にせず、抵抗だとか攪乱だとか屁理屈を捏ねもせず、敢然と打って出る。世界の運動家や活動家は自らを顧みるがよい。こんな具合だから、ますますもって誰にも聞いてもらえない。せいぜい、毒舌を振るう芸人と見られて消費されるだけだ。

　しかし、ジジェクは詐欺師ではない。その師ラカンと違って、大詐欺師たる才能はない。詐欺師どころか、余りに誠実なのである。まるで現代のニーチェのようだ。その誠実な悪口を本書の彼方此方から拾い集めよう。

　① 倒錯について。ジジェクによるなら、フーコー・ドゥルーズ・バトラーは倒錯を称揚する哲学者である。フーコーはゲイの、ドゥルーズはマゾヒズムの、バトラーはレズビアンの、それぞれの倒錯性を、秩序を攪乱する美的・倫理的・政治的スタイルとして称揚している。学界も業界も、倒錯性を称揚している。例えば、血統秩序、国籍秩序、言語秩序などを侵犯しトランスして攪乱すると見なされるものは、いまだに格好の研究ネタや文化産業資源になっている。ところが、ジジェクによるなら、倒錯性は秩序を決して変えない。むしろ秩序に寄生し秩序に彩りを添えて秩序を延命させる。たしかに、「倒錯者は、公空間に浸透・支配する言説の足下を支えている秘匿された幻想を暴露し、それに具体的なかたちを認定して、行為に移す」。例えば、放送禁止コードを攪乱する駄洒落を飛ばす。暗黙の性的コードを攪乱する服装で登場する。しかし、それでコードが変わるはずもない。コードに彩りを添えるだけである。

　② ヒステリーについて。倒錯より多少マシなのは、ヒステリー

である。ヒステリー症者は，懐疑論者だからである。「秘匿された倒錯的な幻想が本当にそのようなものなのか」，「秘匿された欲望のささやきが約束するものが，本当に信ずるに値するものなのだろうか」と疑念を表明して「悶々と懐疑し続ける」からである。倒錯的転倒の技法に対して冷ややかなのである。とはいえ，やはりヒステリーも一個の病であって，およそ信頼に足るものではない。

「不平の文化とは，現代版のヒステリー症のことなのであって，〈他者〉に向けて病的に興奮しながら不可能な欲求を請願し続けている態度に他ならないのではなかろうか。その欲求とは，個々の主体がすでに自身の存在の基盤を不平の表明のなかに位置づけてしまっているために，実際には必ずや拒絶されることを願って申し立てられている欲求なのではなかろうか，「ワタシという人間は，ワタシの悲惨な境遇を招いた罪が〈他者〉にあることを認めさせようとし，さらには／あるいは，その補償の責務を〈他者〉に負わせようとしている，その限りにおいて存在する」がゆえに。嘆きの被不利益者たちは，〈他者〉の地位を切り崩してしまうどころか，自分自身の冷たい境遇を〈他者〉に聞いてくれと訴える。かれらは，自分の欲求を法的な告訴の言葉に翻訳することによって，まさに〈他者〉を非難せんとする身ぶりを借りつつ，むしろ当の〈他者〉の地位をより一層揺るぎないものにしようとしているのである。」

③「心ゆくまで楽しめ！」という命令について。厄介なのは，現代の大文字の〈他者〉たる権威や権力が，ガミガミ親爺的で暴力教師的なものであることをやめて，相当に陰湿で卑猥なものになっているということである。

「親がストレートに「抑圧的」な位置に就いている場合，子どもに向かって次のように言い聞かせるものだ。「誕生日をお祝いしに

第7部　倫理の超越

おばあちゃん家に行ってきなさい，つまんなすぎて死にそうでも，ずっとお行儀の良い子にしているのよ——嫌なんて言っても聞きませんからね，ほら，いいから言われたとおりにしなさい！」まったく対照的に，親が超自我的な位置を占めている場合になると，子どもにたいして次のように語りかけるようになってしまう。「おばあちゃんがどんなに会いたがっているか知っているわよね，でもあなたが心から行きたいと思ったときにだけ行ってきなさい——そうでないのなら，このまま家にいなさい！」超自我が駆使する手口の陰険さは，このように相手に自由選択の余地を与えていると見せかける偽りの身ぶりに潜んでおり，そこには現実として，どんな子どもでも十分に承知しているように，より一層過酷な命令を包摂した強制選択——「どんなに嫌だろうが，おばあちゃん家に行かなければなりません！」に留まらず，「おばあちゃん家に行かなくてはいけません，そして絶対に心から喜んで行くこと！」が突きつけられている——超自我は，汝為さねばならぬことを至極の喜びと感じて，為せ，と命じているのだ」。

現代社会に鳴り響いている命令は，「自分らしさを大切にしなさい」「自分の内奥からわき上がる，他の人には真似のできない才能のおもむくままに生きなさい」「自分らしくあれ」といった類だ。〈うつ〉が流行るのも当然である。

行動こそが

④　倫理的行為について。この腐った現状を打破するのは，決断と行動だけである。これはシンプルな真理だ。倫理的な屁理屈によって覆い隠されているシンプルな真理だ。あるいはむしろ，倫理や道徳は，このシンプルで危険な真理から眼を背けさせるためにこそ，

その意味では通例の平穏な生活を守るためにこそ存在している。

「ラカンにとって,本当の意味での倫理的な行為とは,大文字の〈他者〉,すなわち主体のアイデンティティを保障する社会・象徴のネットワークを一時的に機能不全にしてしまうような危険を背負わずに存在することなど,絶対にあり得ないのである。まがうことなき行為とは,主体が大文字の〈他者〉による「包摂」を拒絶する身ぶりを掲げ,自分自身を危機に曝す,その瞬間にだけ立ち現われる。」

真の倫理的行為は,現状の選択肢の外に置かれている最悪の選択肢を選ぶこととして出現するだろう。二進も三進もいかなくなったときには,最低で最悪な選択肢を選ぶべきなのだ。「行為が生ずるとは,〈最悪の事態〉を選び取った(と現状況下では思えてしまう)ことが,ものの善し悪しを見極める基準を根底から覆してしまうときを指すのである。……実務性中心主義の中道派連中が,「不可能な事項」の自殺的選択と本気で信じている事態を引き起こし,その身ぶりが奇跡を起こしたかのように「許容範囲」と見なされる事項の枠を広げていくようになるとき」。

真の倫理的行為は,しばしば犯罪や狂気の姿を帯びて出現するだろう。だからといって,ビビってはならない。「われわれが断固として主張すべきは,「行為は完全に是認されるべし,たとえそれがどのような結果を招こうとも!」という絶対的な要求である」。

真に倫理的で犯罪的で狂った行為は,悪のその先を目指しているのではなく,善のその先を目指している。古代の倫理が,究極目的たる最高善と呼んだ倫理のその先を目指している。「本当の意味における倫理的行為は,当然のごとく,「〈善〉の彼岸に」向けて突き進む運動を内在している——それは「〈善〉と〈悪〉の双方を越え

る」のではなく、ただ〈善〉のみを越えて歩むのだ」。

　ここで、妥協をしてはならない。「充分にわかってはいるのですが、それでもやはり」と「手打ち」にしてはならない。これは孤独な倫理である。たかだか、孤独なものたちの倫理である。ここに何か政治経済的展望があるわけではない。

　「誰ひとりとして、「では、どのような方策をもってわれわれは資本主義から脱することができるのか」という明確な主張を提示できずにいる。はっきり言ってしまえば、私は「階級闘争と社会主義革命という旧来的な概念に立ち戻れ」と短絡的に諭しているわけではない。どのようにすれば、グローバル資本主義のシステムを現実に切り崩してしまえるのだろうかという問いは、大言壮語で片が付く問題ではない——資本主義を切り崩してしまうことなど、現実には可能とならない、かもしれず、少なくとも見通せる程度の未来には、不可能だろう。」

　だから、行動こそ、なのである。いくぶんの諦観とともに。

スラヴォイ・ジジェク（Slavoy Žižek, 1949- ）

　スロヴェニア生れ。ジャック＝アラン・ミレールの下でラカン精神分析学を学ぶ。ラカン理論をさまざまな分野に応用し、政治・倫理・映画などで目覚ましい成果をあげている。また、ドイツ観念論に関しても冴えた論稿がある。

参考・関連文献
　ジョルジョ・アガンベン『残りの時　パウロ講義』（上村忠男訳、岩波書店、2005 年）
　アラン・バディウ『聖パウロ　普遍主義の基礎』（長原豊、松本潤一郎訳、河出書房新社、2004 年）

著者略歴

小泉義之（こいずみ・よしゆき）

1954年，札幌市生れ。東京大学大学院人文科学研究科博士課程退学。現在，立命館大学大学院先端総合学術研究科教授（哲学・倫理学）。著書に，『デカルトの哲学』（人文書院），『「負け組」の哲学』（人文書院），『病いの哲学』（ちくま新書），『生殖の哲学』（河出書房新社），『レヴィナス』（NHK出版），『ドゥルーズの哲学』（講談社現代新書），『なぜ人を殺してはいけないのか？』（共著，河出書房新社），『弔いの哲学』（河出書房新社），『デカルト＝哲学のすすめ』（講談社現代新書），『兵士デカルト』（勁草書房）。共編著に，『ドゥルーズ／ガタリの現在』（平凡社），『生命の臨界』（人文書院）。訳書に，ドゥルーズ『意味の論理学』（河出文庫），ドゥルーズ『無人島1969-1974』（監訳，河出書房新社）。

ブックガイドシリーズ　基本の30冊
倫理学

2010年10月10日　初版第1刷印刷
2010年10月20日　初版第1刷発行

著　者　小泉義之
発行者　渡辺博史
発行所　人文書院
〒612-8447 京都市伏見区竹田西内畑町9
電話 075-603-1344　振替 01000-8-1103
印刷所　創栄図書印刷株式会社
製本所　坂井製本所
装　丁　上野かおる

落丁・乱丁本は小社送料負担にてお取替えいたします

© 2010 Yoshiyuki Koizumi　Printed in Japan
ISBN978-4-409-00102-8　C1300

Ⓡ〈日本複写権センター委託出版物〉
本書の全部または一部を無断で複写複製（コピー）することは，著作権法上での例外を除き禁じられています。本書からの複写を希望される場合は，日本複写権センター（03-3401-2382）にご連絡ください。

ブックガイドシリーズ　基本の 30 冊

***東アジア論**　丸川哲史

***倫理学**　小泉義之

***科学哲学**　中山康雄

グローバル政治理論　土佐弘之編

日本思想史　子安宣邦，宮川康子，田中聡，樋口浩造

マンガ・スタディーズ　吉村和真，ジャクリーヌ・ベルント編

人文地理学　加藤政洋

沖縄論　仲里効，豊見山和美

メディア論　難波功士

政治哲学　伊藤恭彦

文化人類学　松村圭一郎

環境と社会　西城戸誠，舩戸修一編

精神分析学　立木康介

臨床心理学　大山泰宏

経済学　西部忠編

以下続刊

*は既刊。内容は変更の場合あり。